școală - ቤት-ትምህርቲ   2
călătorie - መገሻ   5
transport - መጓዓዝያ   8
oraș - ከተማ   10
peisaj - ስእሊ መሬት   14
restaurant - ቤት-መግቢ   17
supermarket - ሱፐርማርክት   20
băuturi - መስተ   22
mâncare - መግቢ   23
gospodărie țărănească - ቤት ሕርሻ   27
casă - ገዛ   31
cameră de zi - ክፍሊ ምቕማጥ   33
bucătărie - ክሽን   35
baie - ክፍሊ ባንዮ   38
camera copiilor - ክፍሊ ቆልዑ   42
îmbrăcăminte - ክዳን   44
birou - ቤት ጽሕፈት   49
economie - ቍጠባ   51
ocupații - ሞያታት   53
instrumente - ናውቲ   56
instrumente muzicale - መሳርሒ ሙዚቃ   57
grădină zoologică - መካነ እንስሳታት   59
sport - ስፖርት   62
activități - ንጥፈታት   63
familie - ስድራቤት   67
corp - ኣካላት   68
spital - ሆስፒታል   72
urgență - ህጹጽ ኩነት   76
pământ - ምድሪ   77
ceas - ሰዓት   79
săptămână - ሰሙን   80
an - ዓመት   81
forme - ቅርጻታት   83
culori - ሕብርታት   84
antonime - ኣንጸራት   85
cifre - ቁጽርታት   88
limbi - ቋንቋታት   90
cine/ce/cum - መን / እንታይ / ከመይ   91
unde - ኣበይ   92

Impressum
Verlag: BABADADA GmbH, Nedderfeld 112 , 22529 Hamburg
Geschäftsführer / Verlagsleitung: Harald Hof
Druck: Books on Demand GmbH, In de Tarpen 42, 22848 Norderstedt

Imprint
Publisher: BABADADA GmbH, Nedderfeld 112 , 22529 Hamburg, Germany
Managing Director / Publishing direction: Harald Hof
Print: Books on Demand GmbH, In de Tarpen 42, 22848 Norderstedt, Germany

școală

ቤት-ትምህርቲ

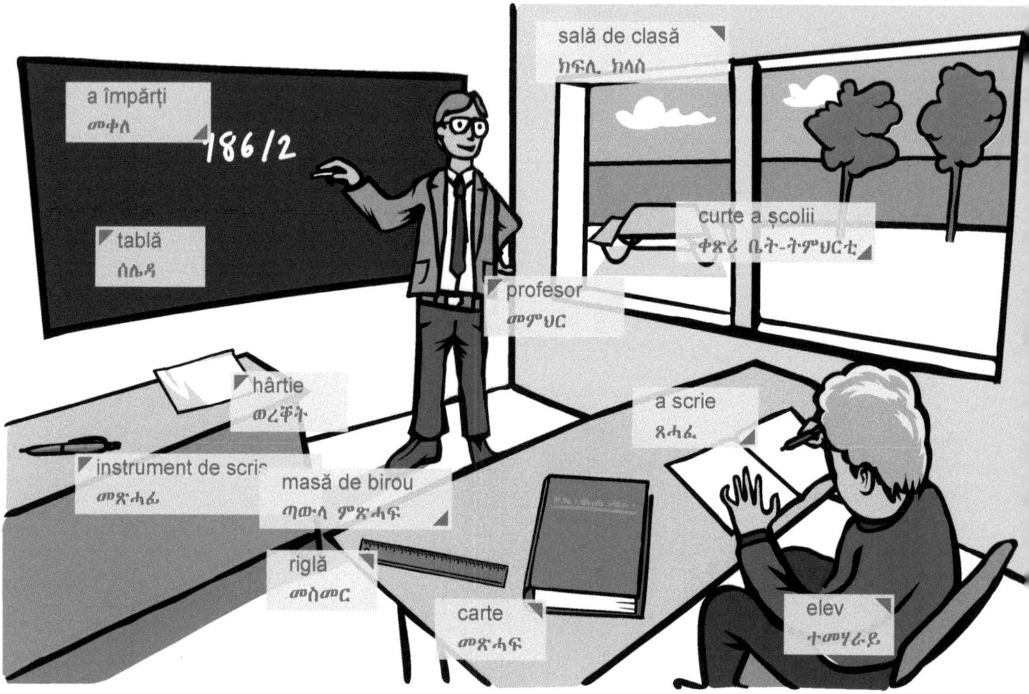

sală de clasă
ክፍሊ ክላስ
a împărți
መቀለ
186/2
tablă
ሰሌዳ
curte a școlii
ቀጽሪ ቤት-ትምህርቲ
profesor
መምህር
hârtie
ወረቐት
a scrie
ጸሓፈ
instrument de scris
መጽሓፊ
masă de birou
ጣውላ ምጽሓፍ
riglă
መስመር
carte
መጽሓፍ
elev
ተመሃራይ

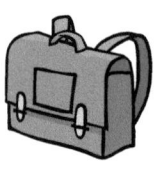

ghiozdan

ሳንጣ ትምህርቲ

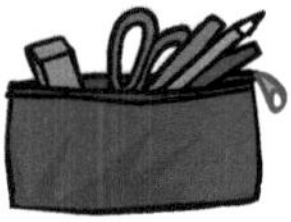

penar

ሰፊር ብርዒ

creion

ርሳስ

ascuțitoare

መብልሒ ርሳስ

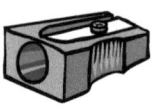

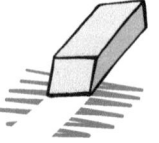

radieră

መደምሰሲ

bloc de desen

ጥራዝ ስእሊ

desen

ስእሊ

pensulă

ብርዒ ቀለም

cutie de acuarele

ቦክስ ቀለም

foarfece

መቀስ

lipici

መጣበቒ

caiet de exerciții

ጥራዝ መላመዲ

temă

ዕዮ ገዛ

12

număr

ቁጽሪ

2+2

a aduna

ወሰኽ

5-2

a scădea

ጎደለ

2×2

a multiplica

ረብሓ

a calcula

ደመረ

A

literă

ፊደል

ABCDEFG HIJKLMN OPQRSTU VWXYZ

alfabet

ስርዓት ፊደላት

hello

cuvânt

ቃል

text

ጽሑፍ

a citi

አንበበ

cretă

ኩርሽ

oră

ሰዓት

catalog

መዝገብ ክላስ

examen

መርመራ

certificat

ሰርቲፊከት

uniformă școlară

ድቢዛ ቤትትምህርቲ

educație

ትምህርቲ

enciclopedie

ለክሲኮን

universitate

ዩኒቨርሲቲ

microscop

ሚክሮስኮፕ

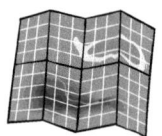

hartă

ካርታ

coș de gunoi

ጓሓፍ ወረቐት

călătorie

መገሻ

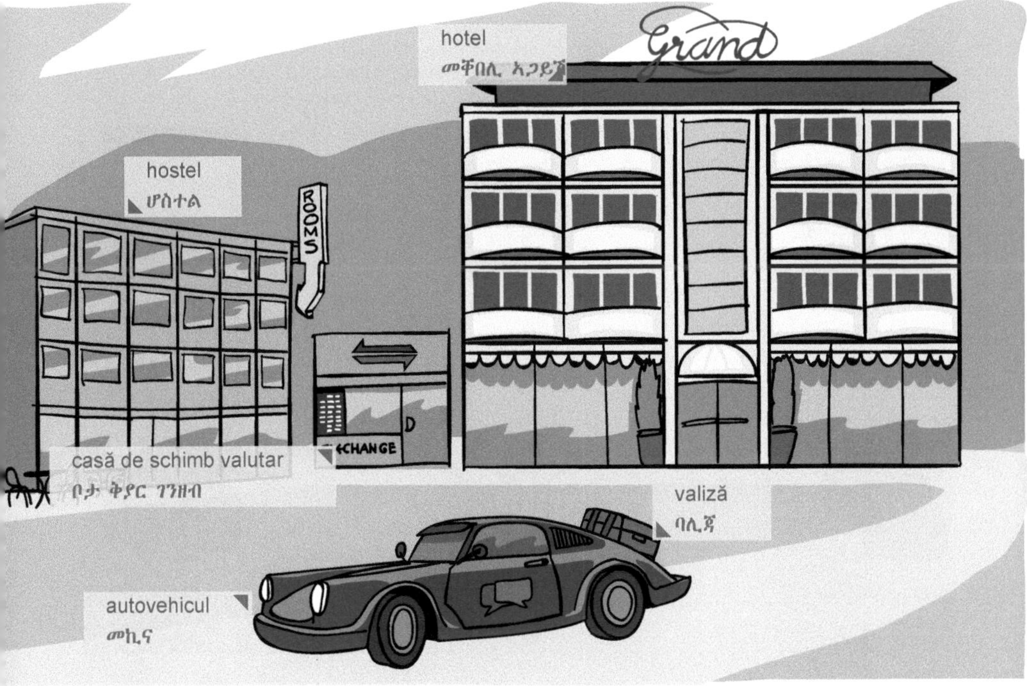

hotel
መቐበሊ ኣጋይሽ
Grand
hostel
ሆስተል
ROOMS
casă de schimb valutar
ቦታ ቅያር ገንዘብ
EXCHANGE
valiză
ባሊጃ
autovehicul
መኪና

limbă

ቋንቋ

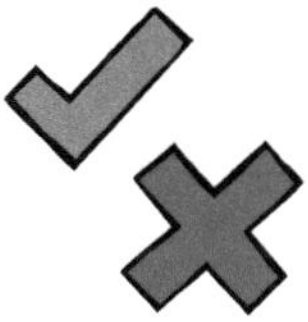

da/nu

እወ / ኖ

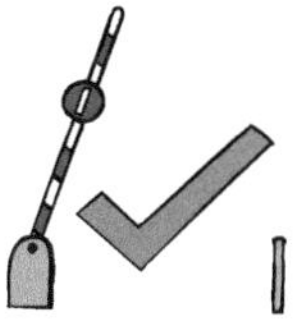

okay

ሕራይ

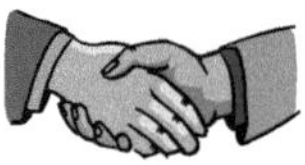

Bună!

ሰላም

interpret

ኣስተርጓሚ

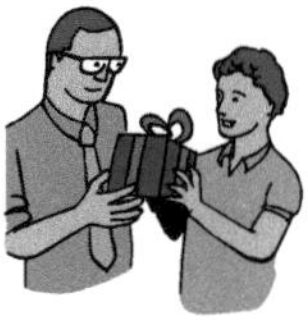

mulțumesc

የቐንየለይ

Cât costă...?

. . . ክንደይ ዋግኡ?

Nu înțeleg

አይተረድኣኹን

problemă

ሽግር

Bună seara!

ሰላም ምሸት!

Bună dimineața!

ከመይ ሓዲርካ

Noapte bună!

ሰላም ለይቲ

la revedere

ደሓን ኩን

direcție

አንፈት

bagaj

ጉዓዝ

geantă

ሳንጣ

rucsac

ሳንጣ ሕቖ

oaspete

ጋሻ

cameră

ክፍሊ

sac de dormit

ክሻ መደቐሲ

cort

ቴንዳ

călătorie - መገሻ

punct de informare turistică

ሓበሬታ በጻሕቲ ሃገር

plajă

ገምገም ባሕሪ

carte de credit

ክረዲት ካርድ

mic dejun

ቁርሲ

masa de prânz

ምሳሕ

cină

ድራር

bilet de călătorie

ቲከት

lift

ሊፍት

timbru poștal

ማሕተም ደብዳበ

graniță

ዶብ

vamă

ድንና

ambasadă

ኣምበሲ

viză

ቪዛ

pașaport

ፓስፖርት

transport

መጓዓዝያ

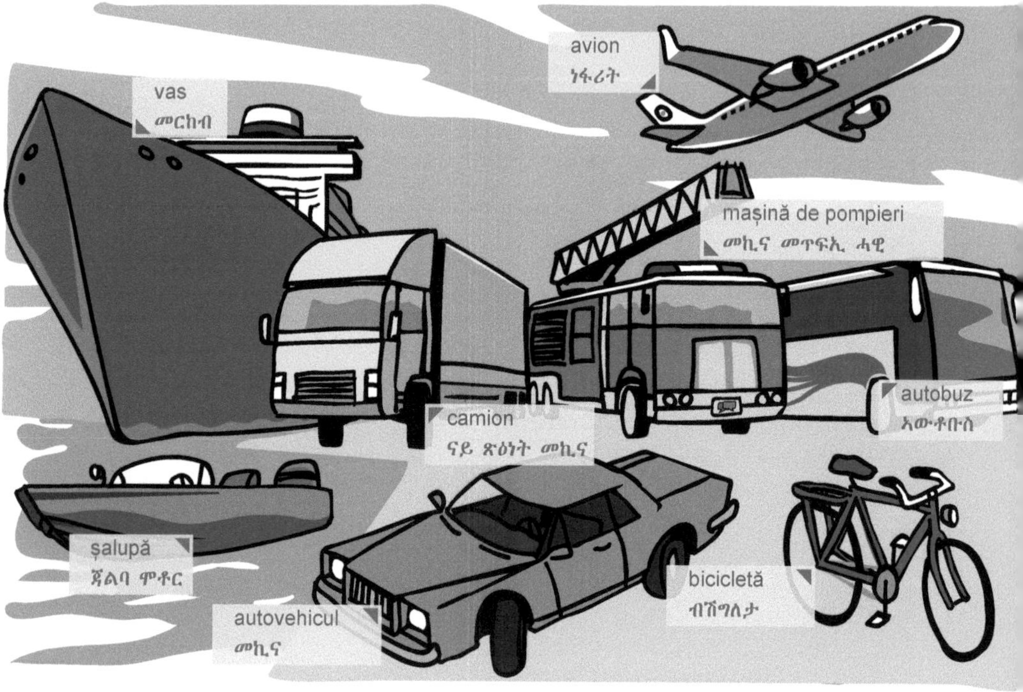

avion
ነፋሪት
vas
መርከብ
mașină de pompieri
መኪና መጥፍኢ ሓዊ
autobuz
ኣውቶቡስ
camion
ናይ ጽዕነት መኪና
șalupă
ጀልባ ሞቶር
bicicletă
ብሽግለታ
autovehicul
መኪና

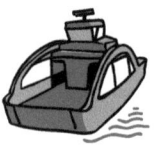

feribot

ፈሪ

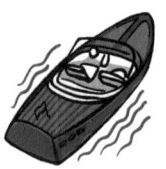

barcă

ጀልባ

motocicletă

ሞቶ

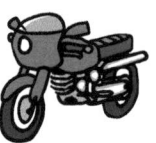

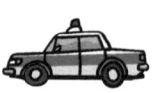

mașină de poliție

መኪና ፖሊስ

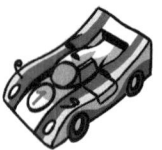

mașină de curse

መኪና ቅድድም

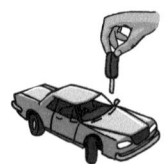

mașină închiriată

ክራይ መኪና

car sharing

ምውፋይ መካይን

mașină de tractat

መወሰዲ መኪና

mașină de gunoi

መኪና ጎሓፍ

motor

ሞቶር

combustibil

ነዳዲ

benzinărie

እንዳ ነዳዲ

semn de circulație

ምልከት ትራፊክ

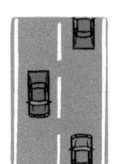

trafic

ትራፊክ

ambuteiaj

ምጭቕጫቕ ትራፊክ

parcare

መዐሸጊ መኪና

gară

መዕረፊ ባቡር

șine

ሓዲግ

tren

ባቡር

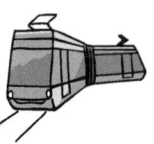

tramvai

ትረም

vagon

ባጎኒ

elicopter

ሄሊኮፕተር

aeroport

መዓረፈ ነፈርቲ

turn

ታወር

pasager

ተጓዓዚ

container

ኮንተይነር

carton

ሳንዱቅ ካርቶን

căruţă

ኮርሳ ጽዕነት

coş

ዘንቢል

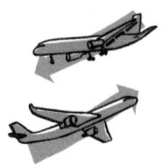

a decola/a ateriza

ተበገሰ / ዓለበ

oraş

ከተማ

sat

ቁሸት

centru

ማእከል ከተማ

casă

ገዛ

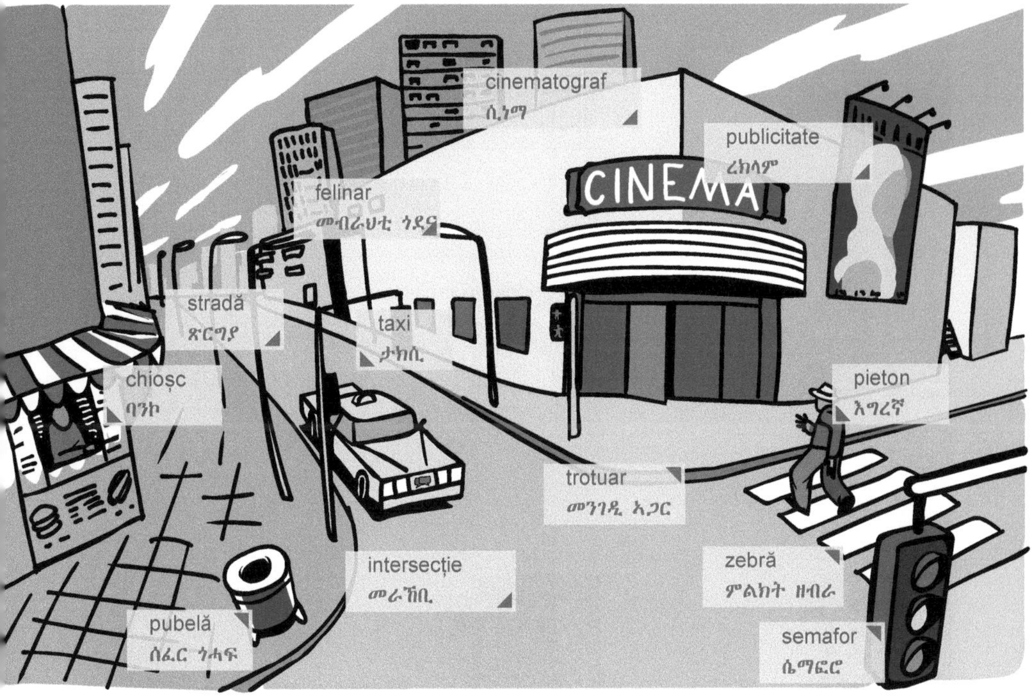

cinematograf
ሲነማ
publicitate
ረክላም
felinar
መብራህቲ ጎደና
stradă
ጽርግያ
taxi
ታክሲ
chioșc
ባንኮ
pieton
እግረኛ
trotuar
መንገዲ ኣጋር
intersecție
መራኽቢ
zebră
ምልክት ዘብራ
pubelă
ሰፈር ጎሓፍ
semafor
ሴማፎሮ

cabană
ኣጕዶ

apartament
ኣፓርትመንት

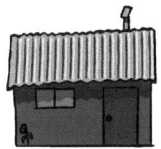

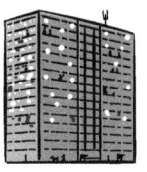

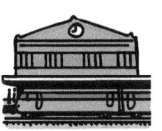

gară
መዕረፊ ባቡር

primărie
ቤት ምምሕዳር

MUSEUM

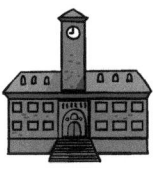

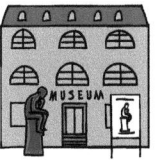

muzeu
ቤተ መዘክር

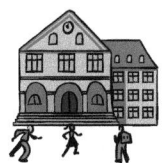

școală
ቤት-ትምህርቲ

universitate

ዩኒቨርሲቲ

bancă

ባንክ

spital

ሆስፒታል

hotel

መቆበሊ አጋይሽ

farmacie

ቤት መድሃኒት

birou

ቤት ጽሕፈት

librărie

ዱኳን መጽሐፍቲ

magazin

ዱኳን

florărie

ዱኳን ዕንባባ

supermarket

ሱፐርማርክት

piaţă

ዕዳጋ

magazin universal

ሹቅ

comerciant de peşte

ነጋዳይ ዓሳ

centru comercial

ሹቅ

port

መርሳ

parc

መዘናግዒ

bancă

ባንኪ

pod

ድልድል

trepte

መደያይቦ

metrou

ባቡር ትሕቲ ምድሪ

tunel

ቢንቶ

stație de autobuz

መዕረፊ ኣውቶቡስ

bar

ቤት መስተ

restaurant

ቤት-መግቢ

cutie poștală

ሳጹራት

tăbliță indicatoare cu
numele străzii

ታቤላ

parcometru

ሰዓት ፓርኪንግ

grădină zoologică

መካነ እንስሳታት

piscină

መሓምበሲ

moschee

መስጊድ

gospodărie țărănească

ቤት ሐርሻ

poluare

ብከላ

cimitir

መቓብር

biserică

ቤተክርስትያን

loc de joacă

ቦታ ምጽዋት

templu

ቤት መቕደስ

peisaj

ስእሊ መሬት

frunză
ኣቝጽልቲ

indicator
መሕበሪ መገዲ

drum
መገዲ

pajiște
ሸኻ

piatră
እምኒ

copac
ኣግራብ

drumeț
ኮብላሊ

râu
ፈለግ

iarbă
ሳዕሪ

floare
ዕንባባ

vale

ስንጭሮ

deal

ኮበ

lac

ቀላይ

pădure

ዱር

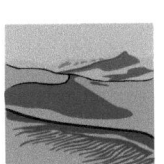

deșert

ምድረ በዳ

vulcan

እሳተ-ጎመራ

castel

ግምቢ

curcubeu

ቀስተ-ደመና

ciupercă

ቃንጥሻ

palmier

ዓርኮብኮባይ

ţânţar

ጣንጡ

muscă

ሃመማ

furnică

ጻጸ

albină

ንህቢ

păianjen

ሳሬት

gândac

ሕንዚዝ

broască

ዕንቅርብ

veveriță

ምጽጹላይ

arici

ቅንፍዝ

iepure

ማንቲስ

bufniță

ጉንጓ

pasăre

ጭሩ

lebădă

ስዋን

porc mistreț

መፍለስ

cerb

ዓጋዘን

elan

ሙስ

dig

ግድብ

turbină eoliană

ተርባይን ንፋስ

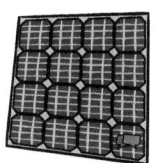

panou solar

ሶላር ስርሓት

climă

ኩነታት አየር

restaurant

ቤት-መግቢ

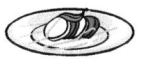

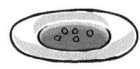

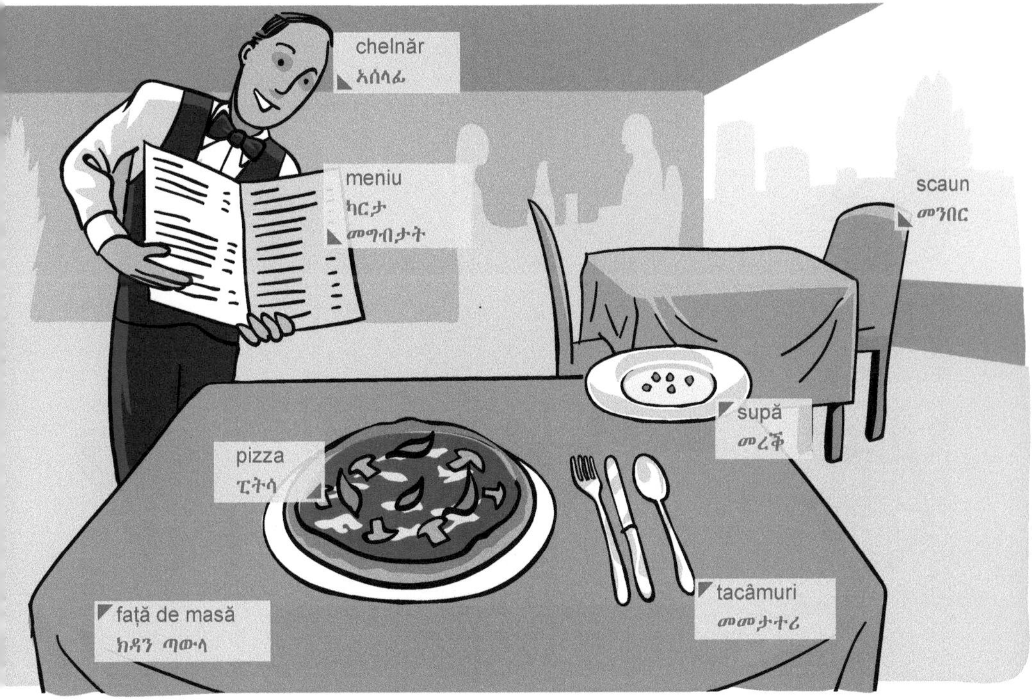
chelnăr
አሰላፊ
meniu
ካርታ
መግብታት
scaun
መንበር
supă
መረቕ
pizza
ፒትሳ
față de masă
ክዳን ጣውላ
tacâmuri
መመቃተሪ

antreu

ቅድመ ቀንዲ መግቢ

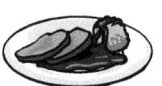

fel principal

ቀንዲ መኣዲ

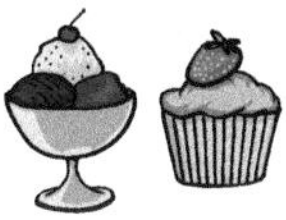

desert

ድሕረ መግቢ

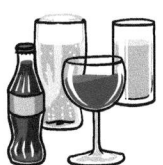

băuturi

መስተ

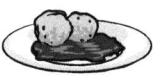

mâncare

መግቢ

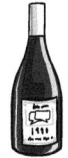

sticlă

ጥርሙዝ

fastfood

ስሉጥ መግቢ

streetfood

መግቢ ጽርግያ

ceainic

ብርጭቆ ሻሂ

zaharniță

ታኒካ ሽኮር

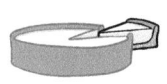

porție

ክፋል

espressor

ማሺን ኤስፕሬሶ

scaun înalt (pentru copii)

ነዊሕ መንበር

factură

ጸብጻብ

tavă

ታብለት

cuțit

ካራ

furculiță

ፉርከታ

lingură

ማንካ

linguriță

ማንካ ሻሂ

șervețel

ሰርቭየተ

pahar

ብኬሪ

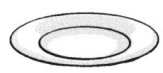

farfurie

ሸሓኒ

farfurie de supă

ሸሓኒ መረቅ

farfurie

ትሕቲ ኩባያ

sos

ጸብሒ

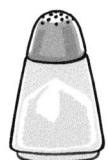

solniță

ወሃቢ ጨው

râșniță de piper

መጥሓን በርበረ

oțet

አቾት

ulei

ዘይቲ

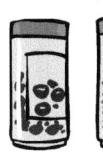

condimente

ቀመም

ketchup

ከቾፕ

muștar

አድሪ

maioneză

ማዮኔዝ

supermarket

ሱፐርማርከት

oferta
ወፈያ
FOR
client
ዓሚል
produse lactate
ፍርያታት ጸባ
fructe
ፍረታት
cărucior de cumpărături
ሰረገላ ዱኳን

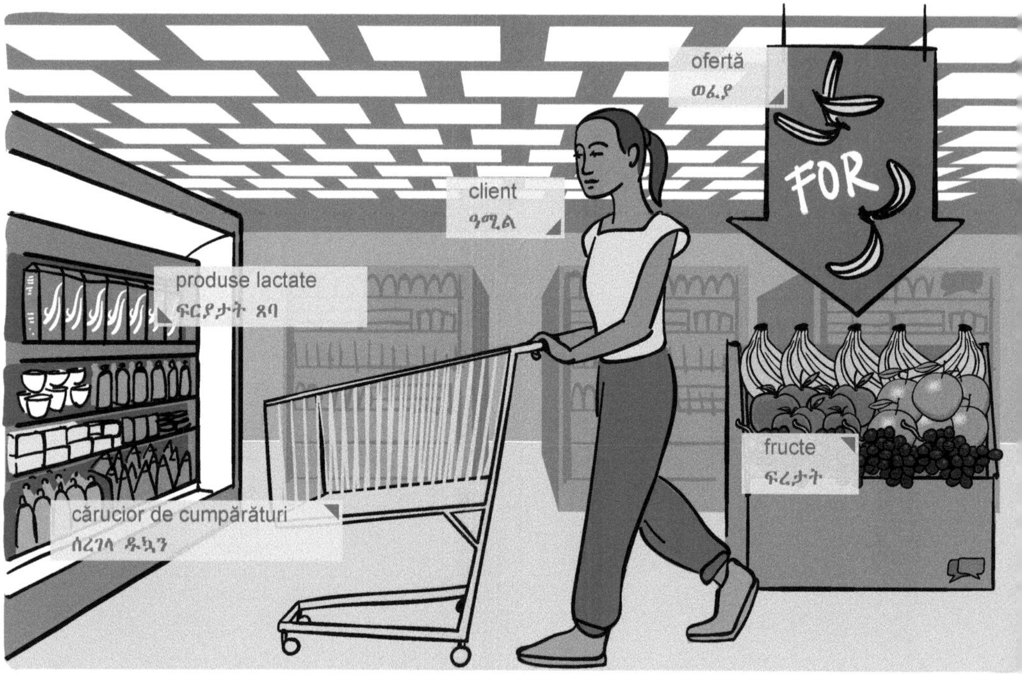

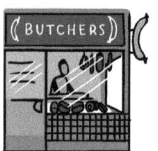

BUTCHERS

măcelărie

እንዳ ስጋ

BAKERY

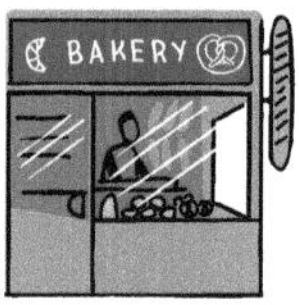

brutărie

እንዳ ባኒ

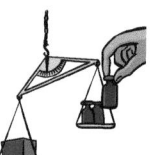

a cântări

ክብደት

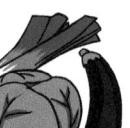

legume

ኣሕምልቲ

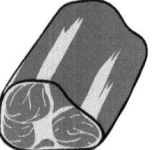

carne

ስጋ

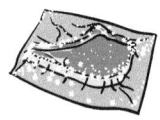

alimente refrigerate

መግቢ ፍሪጅ በረድ

ezeluri şi brânzeturi feliate

ዝሑል ቅሩብ መግቢ

conserve

እስታጥላ

detergent

ኦሞ

dulciuri

ምቁር መግቢ

articole de menaj

ዘቤታውያን አቖሑ

produse de curăţenie

ናውቲ መጽረዪ

vânzătoare

ሸቃጣይ

casă

ካሳ

casier

ተሓዝ ገንዘብ

listă de cumpărături

ዝርዝር ምግዛእ

orar

ክፉት ሰዓታት

portmoneu

ማሕፉዳ

carte de credit

ክረዲት ካርድ

geantă

ሳንጣ

pungă de plastic

ፌስታል

apă

ማይ

suc

ጽማቍ

lapte

ጸባ

cola

ኮላ

vin

ነቢት

bere

ቢራ

alcool

አልኮል

cacao

ካካው

ceai

ሻሂ

cafea

ቡን

espresso

ኤስፕረሶ

cappucino

ካፑቺኖ

banane

ባናና

măr

ቱፋሕ

portocală

አራንሺ

pepene

ብርጭቆ

lămâie

ለሚን

morcov

ካሮት

usturoi

ጻዕዳ ሽጉርቲ

bambus

ባምቡስ

ceapă

ሽጉርቲ

ciupercă

ቅንጥሻ

nuci

ፉል

paste făinoase

ፓስታ

spagheti

ስፓገቲ

orez

ሩዝ

salată

ሰላጣ

cartofi prăjiți

ቅልዋ ድንሽ

cartofi țărănești

ቅሉው ድንሽ

pizza

ፒትሳ

hamburger

ሃምቡርገር

sandwich

ሳንዊ

şniţel

ቢስተካ

şuncă

ሰለፍ ሓሰማ

salam

ሳላሚ

cârnaţi

ግዕዝም

pui

ደርሆ

friptură

ቀለወ

peşte

ዓሳ

24   mâncare - መግቢ

fulgi de ovăz

ገዓት

musli

ሙስሊ

cereale

ኮርንፍለይክስ

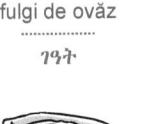

făină

ሓርጭ

corn

ክሮሶን

chifle

ባኒ

pâine

ባኒ

pâine prăjită

ቶስት

biscuiți

ብሽኮቲ

unt

ጠስሚ

brânză de vaci

ርጎኦ

prăjitură

ፓስተ

ou

እንቋቊሖ

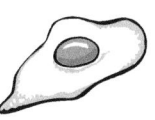

ouă ochiuri

ቅሉው እንቋቊሖ

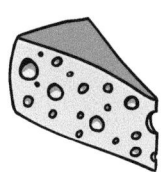

brânză

ፋርማጆ

mâncare - መግቢ.

25

îngheţată
አይስ ክሪም

zahăr
ሽኮር

miere
መዓር

marmeladă
ጇም

cremă nuga
ኑጋት-ክሬም

curry
ኩሪ

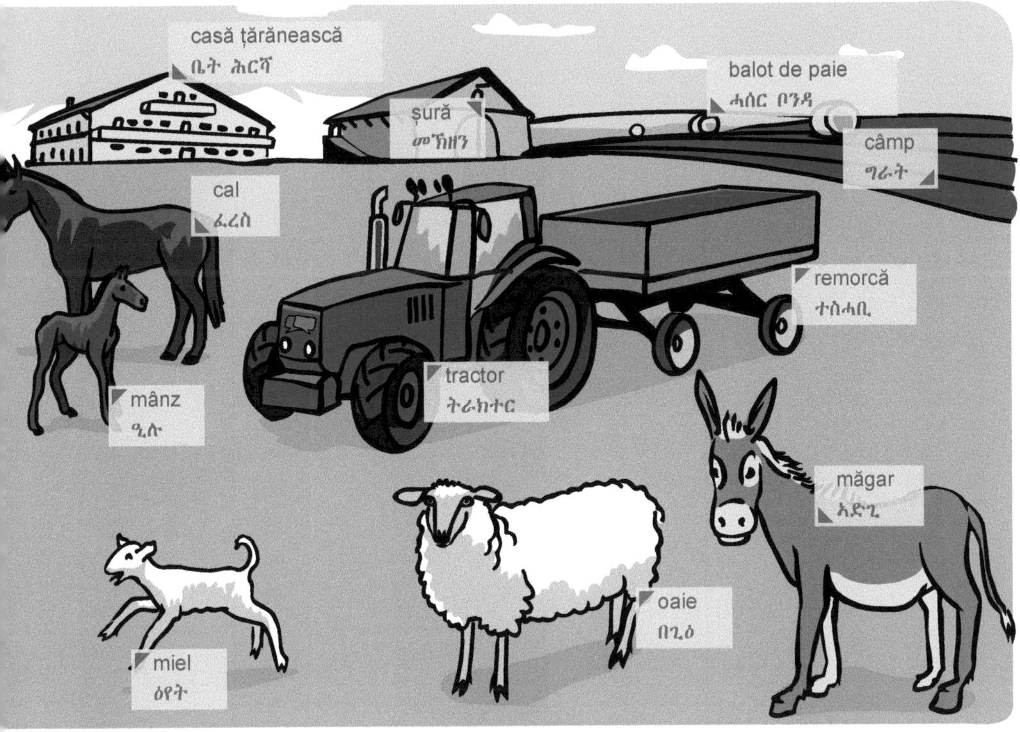

casă țărănească
ቤት ሕርሻ

balot de paie
ሓሰር ቦንዳ

șură
መኽዘን

câmp
ግራት

cal
ፈረስ

remorcă
ተሰሓቢ

tractor
ትራክተር

mânz
ዒሱ

măgar
አድጊ

oaie
በጊዕ

miel
ዕየት

capră
ጤል

vacă
ብዕራይ

vițel
ም'ራኽ

porc
ሓሰማ

purcel
ውላድ ሓሰማ

taur
አርሓ

găină

ዓዓ

rață

ማይ ደርሆ

pui

ጫቁት

găină

ደርሆ

cocoș

እርሓ ደርሆ

șobolan

እንጨዋ ዓባይ

pisică

ድሙ

șoarece

እንጭዋ

bou

ብዕራይ

câine

ከልቢ

cușcă

አጉዶ ከልቢ

furtun de grădină

ቱባ ጀርዲን

stropitoare

መዝፈፊ ማይ

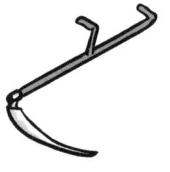

coasă

ዓቢ ማዕጺድ

plug

ማሕረሻ

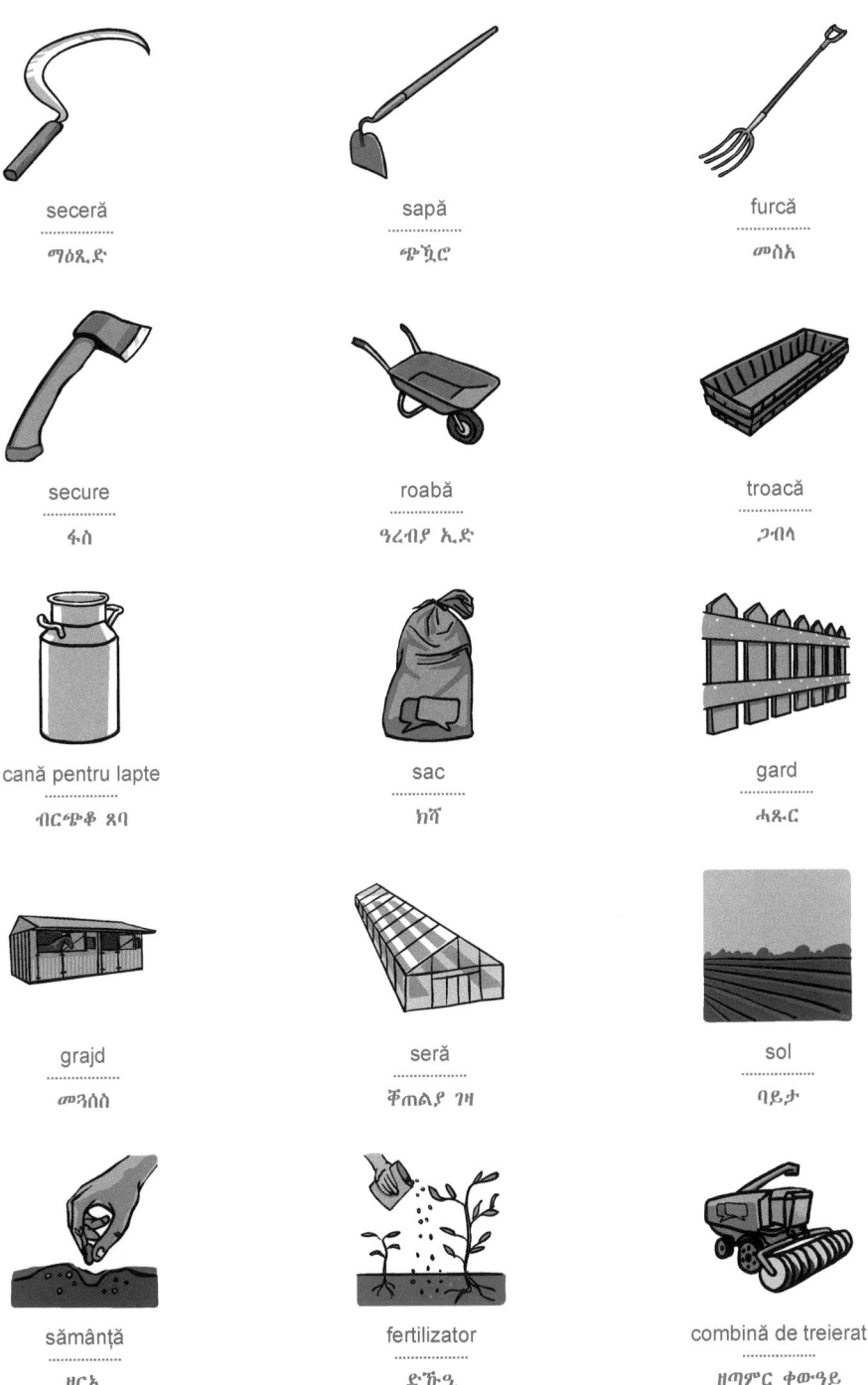

seceră

ማዕጺድ

sapă

ጭጓሪጦ

furcă

መስአ

secure

ፋስ

roabă

ዓረብያ ኢድ

troacă

ጋብላ

cană pentru lapte

ብርጭቆ ጸባ

sac

ከሻ

gard

ሓጹር

grajd

መንሰስ

seră

ቆጠልያ ገዛ

sol

ባይታ

sămânță

ዘርኢ

fertilizator

ድኹዒ

combină de treierat

ዘጣምር ቀውዓይ

a culege

recoltă

cartof yam

ቀውስ

ጻማ

ድንሽ ያም

grâu

soia

cartof

ስርናይ

ሶያ

ድንሽ

porumb

rapiță

pom fructifer

ዕፉን

ራፕስ

ገረብ ፍረታት

manioc

cereale

ማኒኦክ

አእኻል

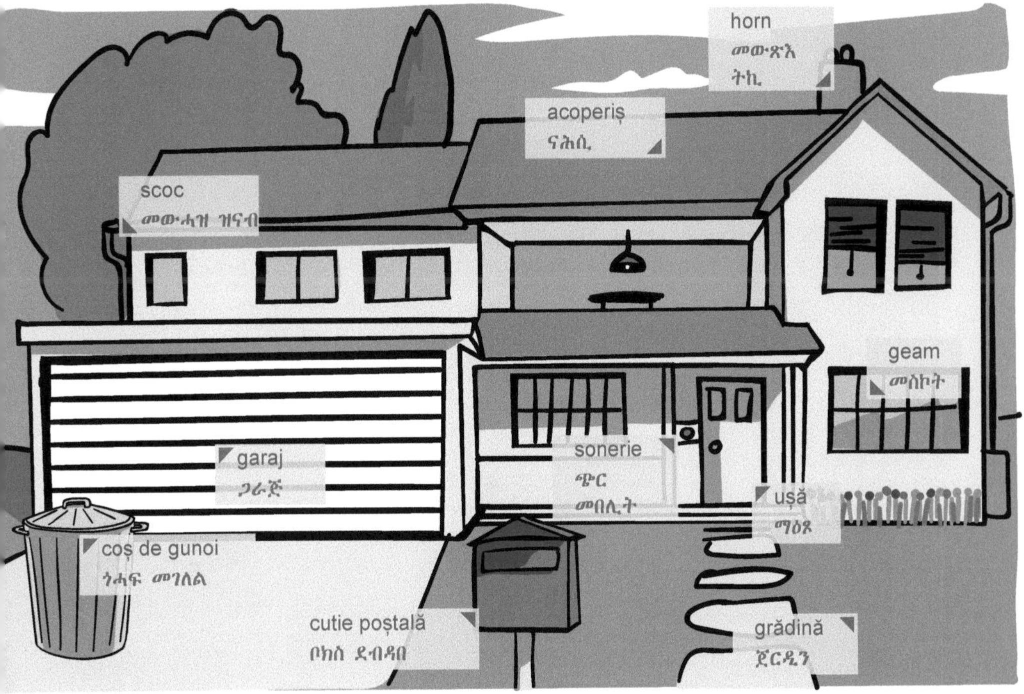

horn
መውጽእ ትኪ

acoperiș
ናሕሲ

scoc
መውሓዝ ዝናብ

geam
መስኮት

garaj
ጋራጅ

sonerie
ጨር መበሊት

ușă
ማዕጾ

coș de gunoi
ጎሓፍ መገለል

cutie poștală
ቦክስ ደብዳበ

grădină
ጀርዲን

cam"era de zi
ክፍሊ ምቕማጥ

baie
ክፍሊ ባንዮ

bucătărie
ክሽነ

dormitor
ክፍሊ መደቀሲ

camera copiilor
ክፍሊ ቆልዑ

sufragerie
መመገቢ ክፍሊ

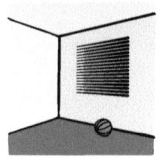

podea

ባይታ

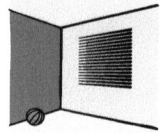

perete

መንደቅ

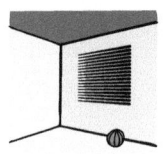

tavan

ከቦርታ

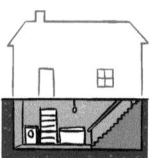

pivniță

ካንቲና

saună

ሳውና

balcon

ባልኮን

terasă

ዛላ

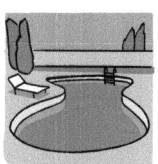

piscină

መሕምበሲ

mașină de tuns iarba

መቝረጺ ሳዕሪ

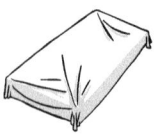

cearșaf

አንሶላ ዓራት

cuvertură

ከቦርታ ዓራት

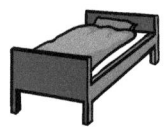

pat

ዓራት

mătură

መኸስተር

găleată

መገለል

întrerupător

መወልጊት

cameră de zi

ክፍሊ ምቕማጥ

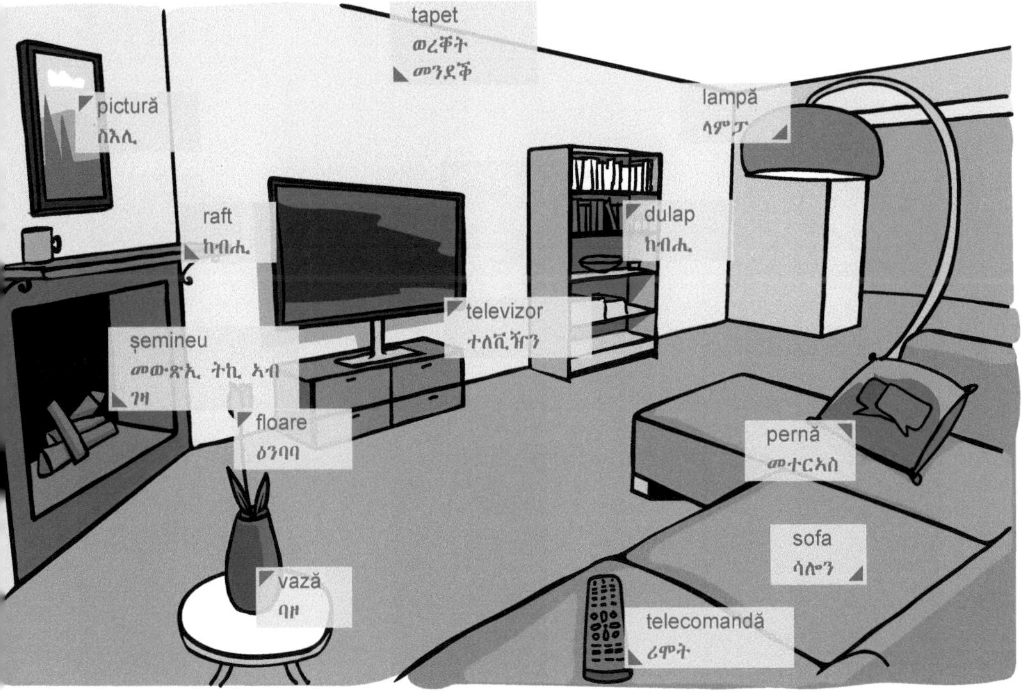

tapet
ወረቐት
መንደቕ
pictură
ስእሊ
lampă
ላምፓ
raft
ከብሒ
dulap
ከብሒ
televizor
ተለቪዥን
șemineu
መውጽኢ ትኪ ኣብ
ገዛ
floare
ዕንባባ
pernă
መተርኣስ
sofa
ሳሎን
vază
ባዞ
telecomandă
ሪሞት

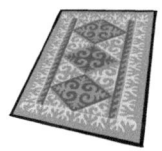

covor

መንጸፍ

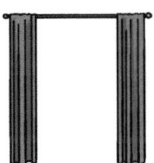

perdea

መጋረጃ

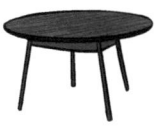

masă

ጣውላ

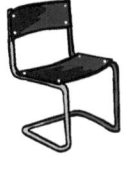

scaun

መንበር

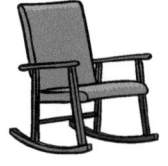

balansoar

ሰለል ዝብል መንበር

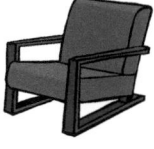

fotoliu

መንበር ምቹእ

carte

መጽሓፍ

pătură

ከበርታ

decoraţiune

ስልማት

lemn de foc

እንጨይቲ ሓዊ

film

ፊልም

instalaţie stereo

ስተሪዮ

cheie

መፍትሕ

ziar

ጋዜጣ

desen

ቅብኣ

poster

ፖስተር

radio

ሬድዮ

caiet de notiţe

ጥራዝ

aspirator

መልገሲ ደርና

cactus

በለስ

lumânare

ሽምዓ

bucătărie
ክሽነ

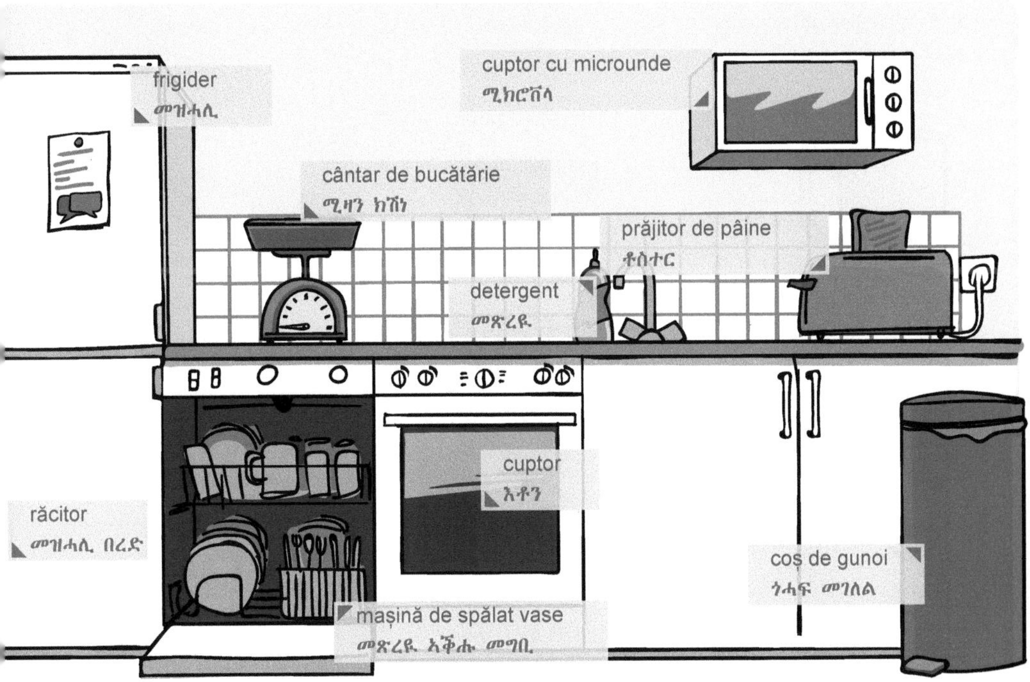
frigider
መዝሓሊ
cuptor cu microunde
ሚክሮቨላ
cântar de bucătărie
ሚዛን ክሽነ
prăjitor de pâine
ቶስተር
detergent
መጽረዪ
cuptor
እቶን
răcitor
መዝሓሊ በረድ
coș de gunoi
ጎሓፍ መገለሊ
mașină de spălat vase
መጽረዪ ኣቕሑ መግቢ

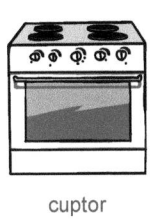

cuptor

መኽሸኒ

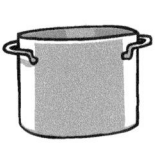

oală

ድስቲ

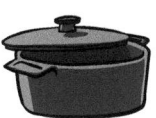

oală de metal

ድስቲ ሓጺን

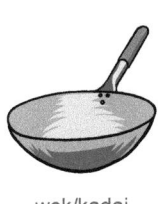

wok/kadai

ቮክ/ካዳይ

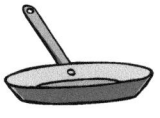

tigaie

ባደላ

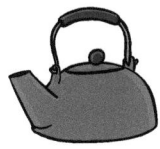

ceainic

መውዓዪ ማይ

oală de gătit cu aburi

መፍልሒ

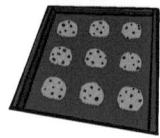

tavă de copt

ንንቴራ ምስንካት

veselă

አቅሐ መግቢ

pahar

ብርጭቆ

bol

ጭሓሎ

bețișoare

ማንካቺና

polonic

ማንካ መረቅ

spatulă

መገልበጢ ባደላ

tel

መኹስተር ውርጪ

sită

መንፊት መግቢ

sită

መንፊት

răzătoare

መፋሕፍሒ

mojar

ሞርታር

grătar

ባርቢኪዩ

loc pentru grătar

ስፍራ ሓዊ

tocător

እንጨይቲ ምምታር

sucitor

እንጨይቲ ኮረረር

tirbușon

መኽፈት ቡሽ

conservă

ታኒካ

deschizător de conserve

መኽፈቲ ታኒካ

șervete termice

ጨርቂ ድስቲ

chiuvetă

ቡምባ

perie

አስባስላ

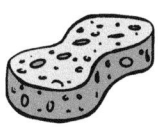

burete

ሰፍነግ

mixer

ሓዋሲ አደባላቒ

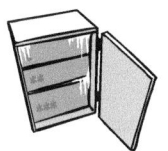

ladă frigorifică

መዝሓሊ በረድ

biberon

ጥርሙዝ ማማይ

robinet

ቡምባ ማይ

dus
መሕጸቢ ሻወር

perdea de duș
ሻወር መጋረጃ

prosop
ሽጎማኖ

baie cu spumă
መሕጸቢ ዓፍራ

încălzire
መውዓዪ

cadă
ባንዮ መሕጸቢ

pahar
ብኬሪ

mașină de spălat
ሓጻቢት

robinet
ቡምባ ማይ

gresie
ማቶነላ

chiuvetă
ቡምባ

oală de noapte
ድስቲ

toaletă	**toaletă turcescă**	**bideu**
ሽቓቕ	ሽቓቕ ኮፍ	ቢዱ
pisoir	**hârtie igienică**	**perie de toaletă**
ሽቓቕ ተባዕታይ	ወረቐት ሽቓቕ	ኣስባስላ ሽቓቕ

periuță de dinți

አስባስላ ስኒ

pastă de dinți

ክሬማ ስኒ

ață dentară

ሃሪ ስኒ

a spăla

ሓጸበ

cap de duș

ዱሽ ኢድ

duș intim

ዱሽ

lavoar

ብርጭቆ ምሕጸብ

perie pentru spate

አስባስላ ሕቖ

săpun

ሳምና

gel de duș

ሻወር ጀል

șampon

ሻምፑ

cârpă de spălat

ጨርቂ መሕጸቢ

scurgere

መውሓዚ

cremă

ክሬማ

deodorant

ደዮ ጨና

oglindă

መስትያት

oglindă cosmetică

ናይ ኢድ መስትያት

aparat de ras

መላጸ

spumă de ras

ዓፍራ ምልጻይ

aftershave

ጨና ድሕሪ ምልጻይ

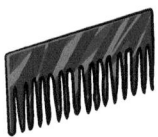

pieptene

መመሸጥ

perie

አሰባሰላ

uscător de păr

መንቀጹ ጸጉሪ

fixator

ስፕረይ ጸጉሪ

machiaj

መመላኽዒ

ruj

ብርዒ ቀለም ከንፈር

lac de unghii

አዝማልቶ

vată

ጸምሪ ጡጥ

foarfece de unghii

መስደዲ ጽፍሪ

parfum

ጨና

neseser

ሳንጣ መሕጸቢ

taburet

ድኳ

cântar

ሚዛን

halat de baie

ክዳን መሕጸቢ

mănuşi de cauciuc

ንንቲ መጸረዪ

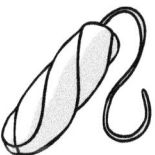

tampon

ታምፖን

tampon

ጨርቂ ሰበይቲ

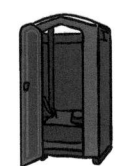

toaletă chimică

ሽቓቅ ከሚስትሪ

camera copiilor

ክፍሊ ቆልዑ

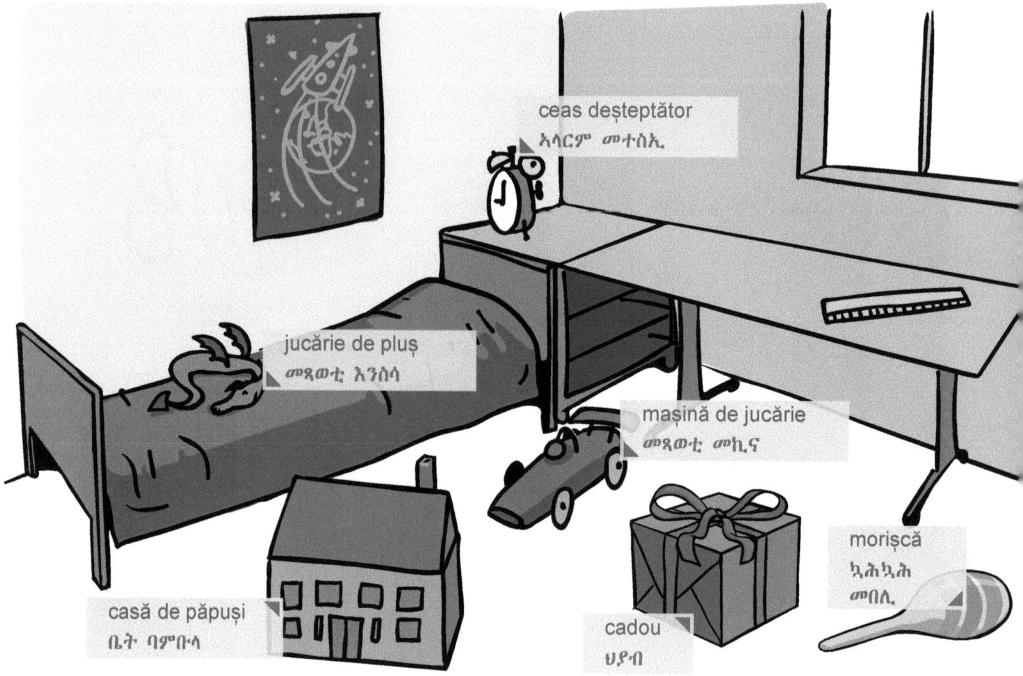

ceas deșteptător
ኣላርም መተስኢ
jucărie de pluș
መጻወቲ እንስሳ
mașină de jucărie
መጻወቲ መኪና
morișcă
ኳሕኳሕ
መበሊ
casă de păpuși
ቤት ባምቡላ
cadou
ህያብ

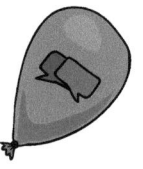

balon

ባላንችና

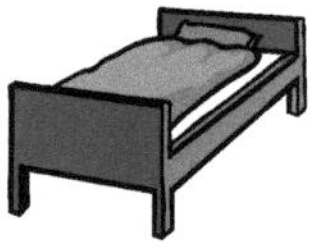

pat

ዓራት

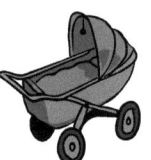

cărucior de copii

ሰረገላ ህጻን

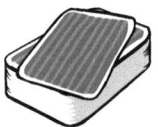

joc de cărți

ጸወታ ካርታ

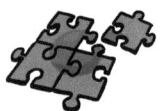

puzzle

ሕንቅሊተይ

revistă de benzi desenate

ኮሚዲ

cuburi lego

እምንታት መጻወቺ ለጎ

piese pentru construcţii

መጻወቺ እምንታት

personaj din filmele de acţiune

በዓል አክቸን

body

ክዳን ማማይ

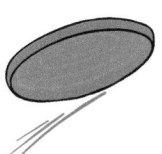
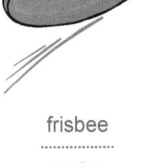

frisbee

ፍሪስቢ

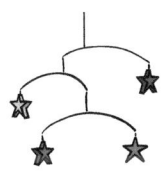

mobil

ሞባይል ማማይ

joc de societate

ጸወታ ሰሌዳ

zar

ኩቦ

set trenuleţ de jucărie

ሞደል ባቡር ምድሪ

suzetă

ዓባስ

petrecere

ፓርቲ

carte cu poze

መጽሐፍ ስእሊ

minge

ኩዕሶ

păpuşă

ባምቡላ

a se juca

ተጻወተ

groapă de nisip

መጻወቲ ሑጻ

leagăn

ሰላል

jucării

መጻወቲታት

consolă video

ኮንሶል ቪድዮ

tricicletă

መጻወቲ ሰለስተ መንኮርኮር

ursuleț

ተዲ

dulap

ከብሒ ክዳን

șosete

ካልስታት

ciorapi

ነዊሕ ካልስታት

dres

ስረ ካልሲ.

şal
ሻርባ

curea
ቁልፊ

umbrelă
ጽላል

tricou
ማልያ

pantofi sport
ስኒከርስ

cizme
ረፋዕ

papuci
ጫማ ገዛ

sandale
ሸበጥ

încălțăminte
ጫማ

cizme de cauciuc
ረፋዕ ጎማ

chilot
ሙታንታ

sutien
ክዳን ጡብ

maiou
ትሕተ ካሚቻ

body

በዲ

pantaloni

ስሪ

blugi

ጂንስ

fustă

ቀምሽ

bluză

ካምጆ

cămașă

ካሚጆ

pulover

ጉልፍ

jerseu

ጎልፍ

sacou

ጃኬት

jachetă

ጃከት

palton

ጁባ

pelerină de ploaie

ክዳን ዝናብ

costum

ኮስቱም

rochie

ቀምሽ

rochie de mireasă

ቀምሽ መርዓ

costum

ልብሲ.

cămașă de noapte

ካሚቻ ለይቲ

pijama

ክዳን ለይቲ

sari

ሳሪ

batic

መሃረብ ርእሲ.

turban

ቱርባን

burka

ቡርካ

caftan

ካፍታን

abaya

አባያ

costum de baie

ክዳን መሕምበሲ.

șort

ስረ መሕምበሲ.

pantaloni scurți

ሓጺር ስረ

trening

ክዳን ታዕሊም

șorț

በጃ ክዳን

mănuși

ጓንቲ

nasture

መልጎም

ochelari

መነጽር

brățară

በንናጅር

lanț

ማዕተብ

inel

ቀለበት

cercel

ኩትሻ

căciulă

ቆብዕ

umeraș

መንበሪ ጁባ

pălărie

ባርኔጣ

cravată

ካርራቫት

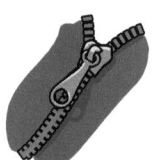

fermoar

ሻርኔጣ

cască

ሀልመት

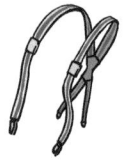

bretele

መድልደል ስረ

uniformă școlară

ድቢዛ ቤትትምህርቲ

uniformă

ድቢዛ

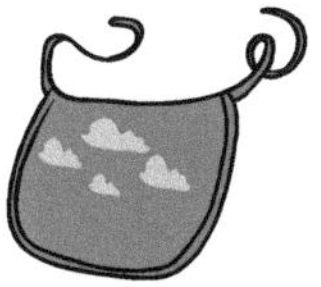

baveţică

ሰደርያ ቆልዓ

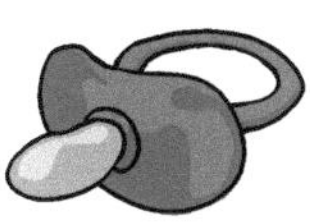

suzetă

ዓባስ

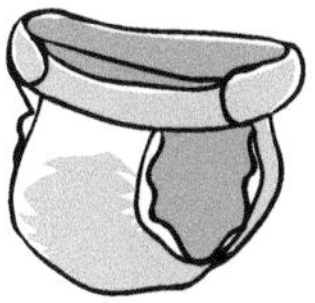

scutec

ጨርቂ ማማይ

birou

ቤት ጽሕፈት

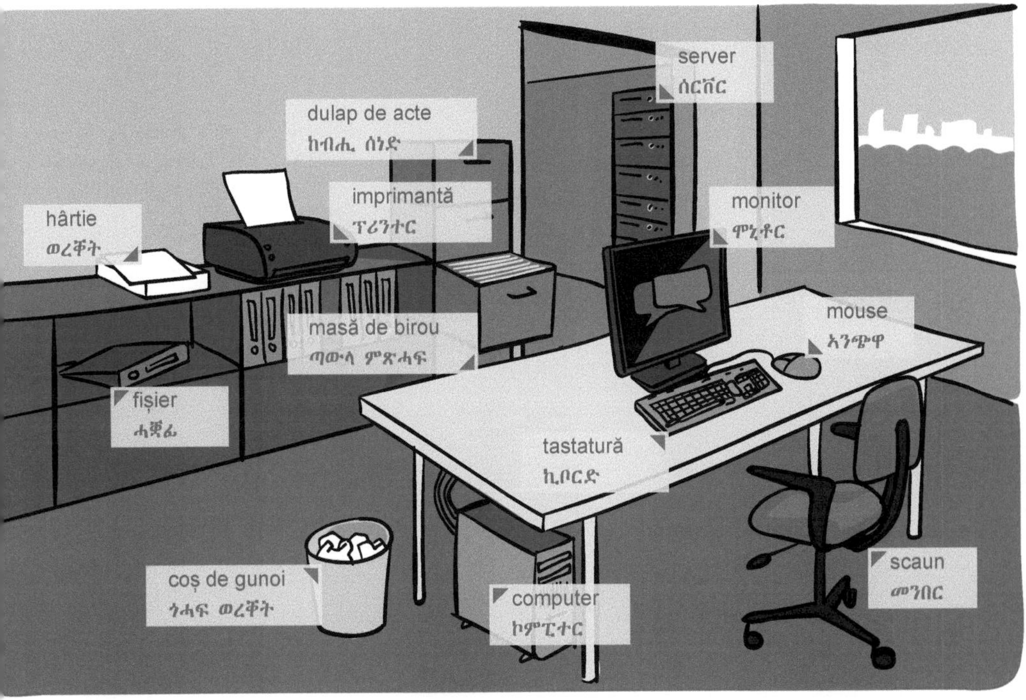
server
ሰርቨር
dulap de acte
ከብሒ ሰነድ
imprimantă
ፕሪንተር
hârtie
ወረቐት
monitor
ሞኒቶር
mouse
ኣንጭዋ
masă de birou
ጣውላ ምጽሓፍ
fişier
ሓቓፊ
tastatură
ኪቦርድ
scaun
መንበር
coş de gunoi
ጉሓፍ ወረቐት
computer
ኮምፒተር

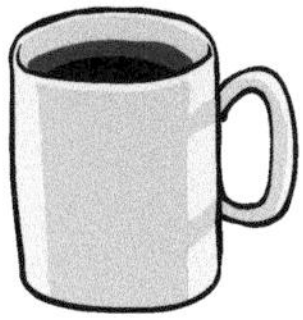

ceaşcă de cafea

ብርጭቆ ቡን

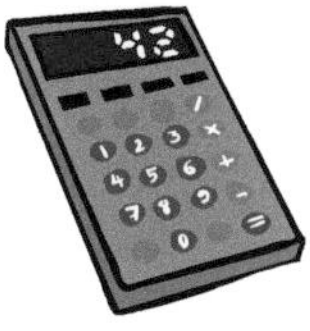

calculator

ካልኩለተር

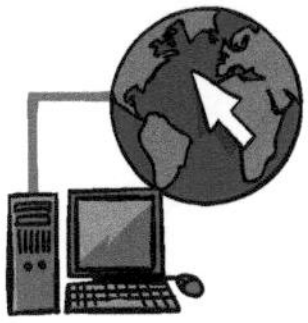

internet

ኢንተርነት

laptop

ለፕቶፕ

scrisoare

ደብዳበ

mesaj

መልእኽቲ

telefon mobil

ሞባይል

rețea

ነትወርክ/መርበብ

copiator

መቕድሒ ፎቶኮፒ

software

ሶፍትዌር

telefon

ተለፎን

priză

ሶከት ኣረንቲ

fax

ፋክስ

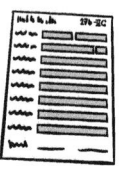

formular

ፎርም

document

ሰነድ

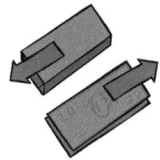

a cumpăra

ገዝአ

a plăti

ከፈለ

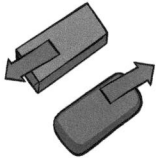

a face comerț

ንግዲ

bani

ገንዘብ

Dolar

ዶላር

Euro

አይሮ

Yen

የን

Rublă

ሩብል

Franc Elvețian

ስዊዝ ፍራንከን

renminbi yuan

ረንሚንቢ ዩዋን

Rupie

ሩፕየ

bancomat

መውጽኢ ማሺን ገንዘብ

casă de schimb valutar

ቦታ ቅያር ገንዘብ

aur

ወርቂ

argint

ብሩር

petrol

ዘይቲ

energie

ሓይሊ

preț

ዋጋ

contract

ውዕል

impozit

ቀረጽ

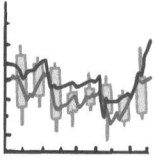

acțiune

እኩብ ጥሪ-ነገራት

a munci

ሰርሐ

angajat

ሰራሕተኛ

angajator

አስራሒ

fabrică

ትካል

magazin

ዱኳን

ocupații
ሞያታት

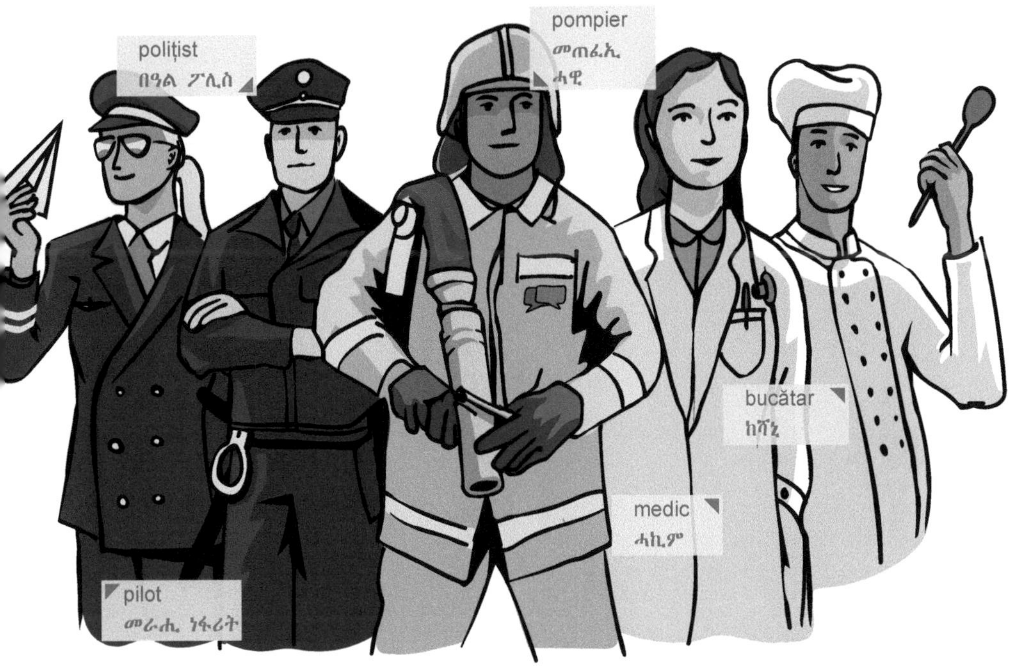

polițist
በዓል ፖሊስ
pompier
መጠፈኢ ሓዊ
bucătar
ከሻኒ
medic
ሓኪም
pilot
መራሒ ነፋሪት

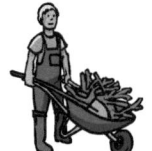

grădinar

ሰራሕተኛ ጀርዲን

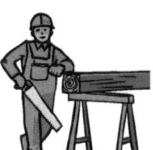

tâmplar

ጸራቢ ዕንጸይቲ

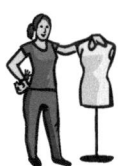

cusătoreasă

ሰፋይት

judecător

ፈራዳይ

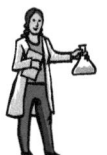

chimist

ቀማሚ

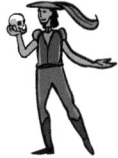

actor

ተዋሳኢ

șofer de autobuz

መራሒ አዉቶቡስ

șofer de taxi

አዉቲስታ ታክሲ

pescar

ገፋፊ ዓሳ

femeie de serviciu

ጸራጊት

tinichigiu

ሃናጻይ ናሕሲ

chelnăr

አሰላፊ

vânător

ሃዳናይ

pictor

ሰኣላይ

brutar

እንዳ ሕብስቲ

electrician

ኤሌትሪከኛ

muncitor în construcții

ሃናጺ አባይቲ

inginer

ሃንዳሲ

măcelar

ሰራሕተኛ እንዳ ስጋ

instalator

ድራብሊኮ

poștaș

አማላሳሲ ፖስጣ

soldat

ወተሃደር

arhitect

መሃንድስ

casier

ተሓዝ ገንዘብ

florar

ሰራሕተኛ ዕምባባ

frizer

ቀምቃማይ

controlor

ፈተሪኖ

mecanic

መካኒክ

căpitan

መራሒ መርከብ

stomatolog

ሓኪም ስኒ

om de ştiinţă

ተመራማሪ

rabin

ራቢ

imam

ኢማም

călugăr

ፈላሲ

preot

ቀሺ

instrumente

ናውቲ

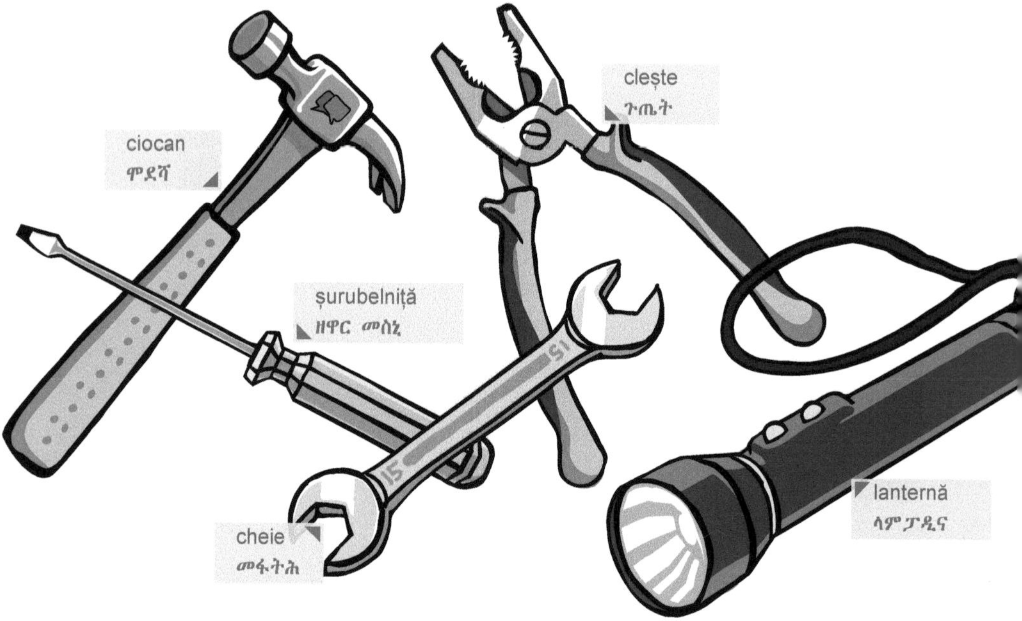

ciocan
ሞደሻ
clește
ጉጤት
șurubelniță
ዘዋር መስኒ
cheie
መፋትሕ
lanternă
ላምፓዲና

excavator

ፊሓሪ

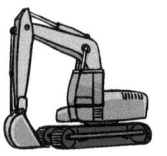

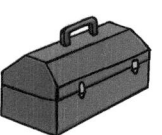

cutie de scule

ናውቲ ቦክስ

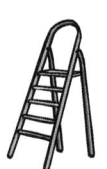

scară

መደያይቦ

ferăstrău

መጋዝ

cuie

መስማር

burghiu

ኰዓቲ

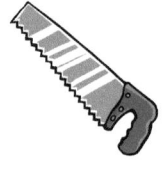

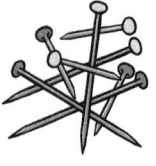

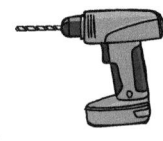

a repara

ምዕራይ

lopată

ባደላ

La naiba!

ኣይ!

făraş

መትሓዚ ዶሮና

vas pentru vopsea

ድስቲ ቀለም

şuruburi

ካቻቢተ

instrumente muzicale

መሳርሒ ሙዚቃ

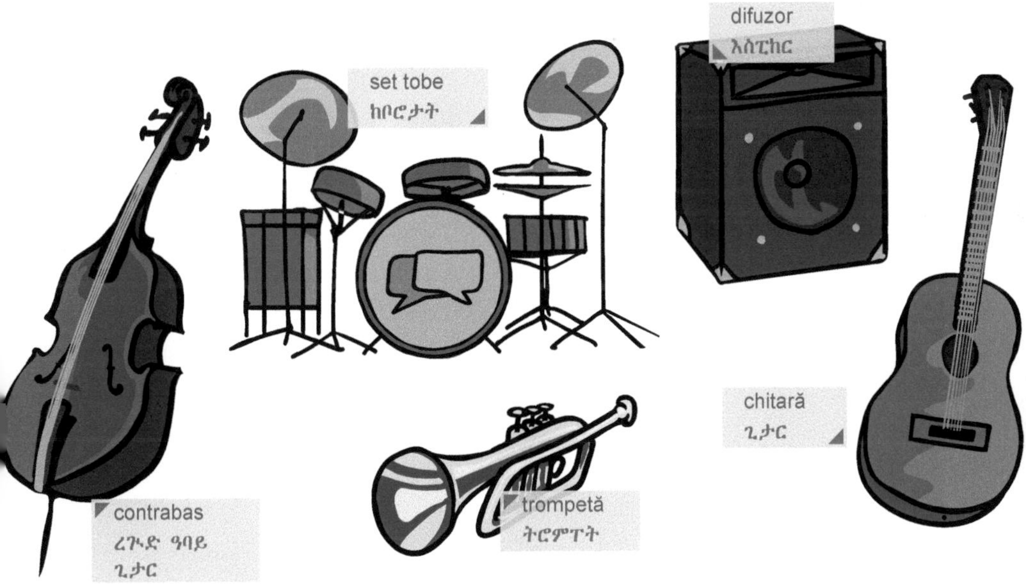

difuzor
እስፒከር

set tobe
ከበሮታት

contrabas
ረጉድ ዓባይ
ጊታር

trompetă
ትሮምፐት

chitară
ጊታር

pian

ፒያኖ

vioară

ቪዮሊን

bas

ባስ ጊታር

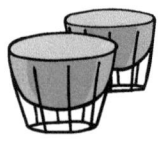

trombon

ቲምንኢ

tobă

ከበሮ

keyboard

ኦርጋን

saxofon

ሳክሶፎን

fluier

ሻምብቆ

microfon

ሚክሮፎን

intrare
መእተዊ

tigru
ነብር

cușcă
ጎብያ

zebră
አድጊ በረኻ

mâncare pentru animale
መግቢ እንስሳ

panda
ፓንዳ

animale

animale

እንስሳታት

elefant

elefant

ሓርማዝ

cangur

cangur

ካንጋሩ

rinocer

rinocer

ሓሪሽ

gorilă

gorilă

ጒሪላ

urs

urs

ድቢ

cămilă

ገመል

struț

ሰገን

leu

እንበሳ

maimuță

ሀበይ

flamingo

ፍላሚንጎ

papagal

ሕንጻይ

urs polar

ድቢ በረድ

pinguin

ፐንጉን

rechin

ከልቢ ዓሳ

păun

ጣውስ

șarpe

ተመን

crocodil

ሓርገጽ

îngrijitor grădina zoologică

ሓላዊ ቤት ገርድሽ

focă

ዓሳ ዚምገብ እንስሳ ባሕሪ

jaguar

ጃጓር

ponei

ሓጺር ፈረስ

leopard

ነብሪ

hipopotam

ጒማሬ

girafă

ጄራፍ

acvilă

ሊላ

porc mistreț

መፍለስ

pește

ዓሳ

broască țestoasă

ጎብየ

morsă

ዋልሩስ

vulpe

ወኸርያ

gazelă

ሰስሓ

fotbal american
ናይ ኣሜሪካ ኩዕሶ እግሪ

ciclism
ምዝዋር ብሽግለታ

tenis
ተኒስ

basketball
ባስከትባል

înot
ምሕምባስ

box
ቦክሲንግ

hockey pe gheață
ሆኪ በረድ

fotbal
ኩዕሶ እግሪ

badminton
ባድሚንቶን

atletism
እስፖርታዊ ንጥፈታት

handbal
ኩዕሶ ኢድ

schi
ስኪ

polo
ፖሎ

a râde
ሰሓቐ

a sări
ነጠረ

a îmbrățișa
ሓቖፈ

a merge
ከደ

a cânta
ደረፈ

a visa
ሓለመ

a se ruga
ጸለየ

a săruta
ሰዓመ

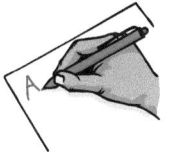

a scrie

ጸሓፈ

a desena

ሰኣለ

a arăta

ኣርኣየ

a împinge

ደፍአ

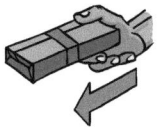

a da

ሃበ

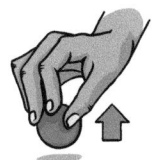

a lua

ወሰደ

a avea

አለው

a face

ገበረ

a fi

ኮነ

a sta în picioare

ጠጠው በለ

a fugi

ጐየየ

a trage

ሰሓበ

a arunca

ሰንደወ

a cădea

ወደቐ

a sta întins

ሓሰወ

a aștepta

ተጸበየ

a purta

ሰከም

a ședea

ኮፍ በለ

a se îmbrăca

ተኽድነ

a dormi

ደቀሰ

a se trezi

ተሰአ

64

activități - ንጥፈታት

a privi

ረኣየ

a plânge

በኸየ

a mângâia

ብኣጻብዑ ደረዘ

a se pieptăna

መሽጠ

a vorbi

ተዛረበ

a înţelege

ተረድአ

a întreba

ሓተተ

a asculta

ሰምዐ

a bea

ሰተየ

a mânca

በልዐ

a face ordine

ኣቐመጠ

a iubi

ኣፍቀረ

a găti

ከሸነ

a conduce

ዘወረ

a zbura

ነፈረ

a naviga

ብመርክብ ገያሽ

a calcula

ደመረ

a citi

አንበበ

a învăța

ተመሃረ

a munci

ሰርሐ

a se căsători

መርዓወ

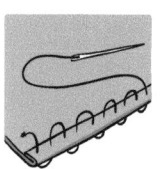

a coase

ሰፈየ

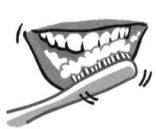

a se spăla pe dinți

ጽሬት አስናን

a ucide

ቀተለ

a fuma

ሽጋራ ተከኸ

a trimite

ሰደደ

bunică
ዓባየ

bunic
አቦሓጎ

tată
አቦ

mamă
አደ

bebeluş
ማማይ

soră
ጓል

fiu
ወዲ

oaspete

ጋሻ

mătuşă

ሓትኖ

unchi

አኮ

frate

ሓው

soră

ሓፍቲ

corp

ኣካላት

frunte
ግንባር
ochi
ዓይኒ
umăr
መንኩብ
deget
ኣጻብዕ
față
ገጽ
bărbie
መንከስ
mână
ኢድ
piept
ኣፍ-ልቢ
picior
ሽፋን እግሪ
braț
ምናት

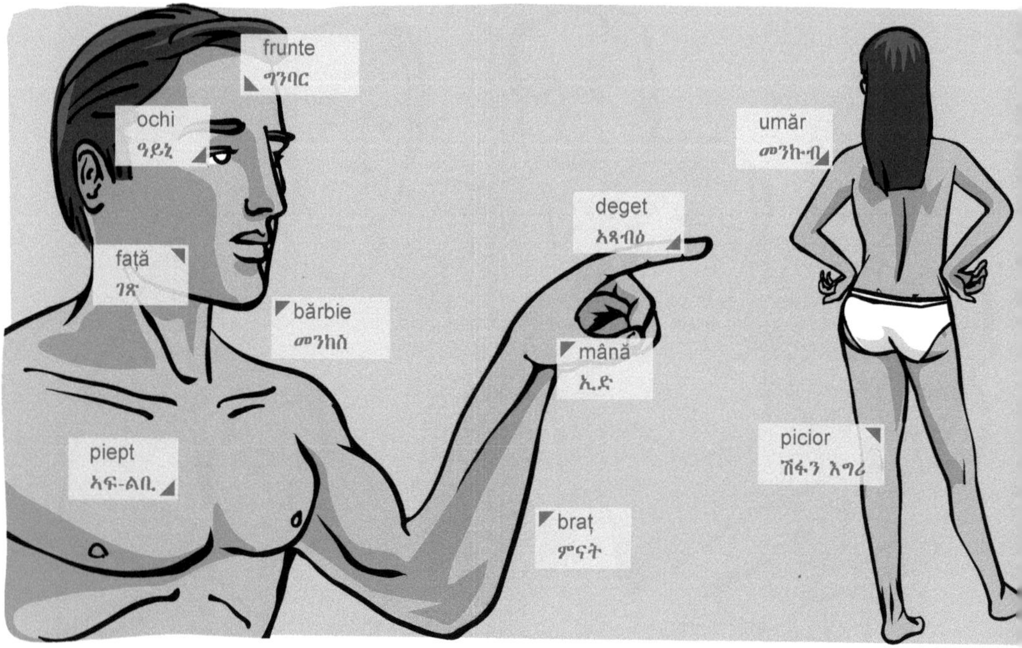

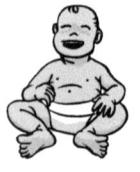

bebeluș

ማማይ

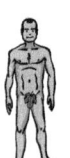

bărbat

ሰብኣይ

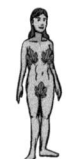

femeie

ሰበይቲ

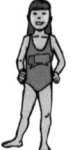

fată

ጓል

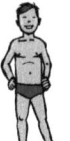

băiat

ወዲ

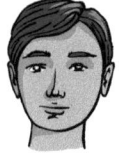

cap

ርእሲ

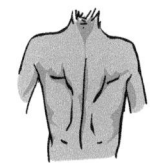

spate

ሕቖ

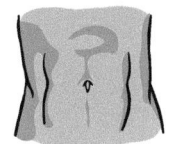

abdomen

ከስዐ

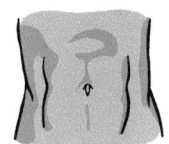

ombilic

ሕምብርቲ

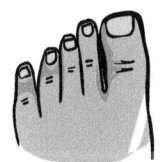

deget de la picior

ኣጻብዕ እግሪ

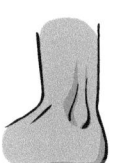

călcâi

ኩርኹረ

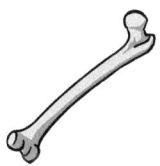

os

ዓጽሚ

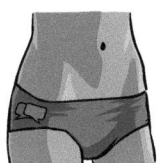

șold

ምሕኮልቲ

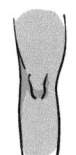

genunchi

ብርኪ

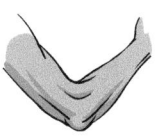

cot

ፎግፎጐ

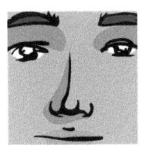

nas

ኣፍንጫ

fund

መዓኮር

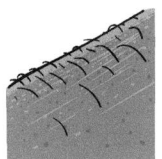

piele

ቆርበት

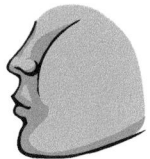

obraz

ምዕጉርቲ

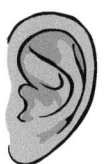

ureche

እዝኒ

buză

ከንፈር

gură

አፍ

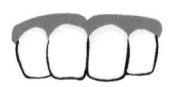

dinte

ስኒ

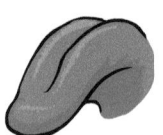

limbă

መልሓስ

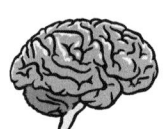

creier

ሓንጎል

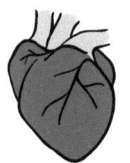

inimă

ልቢ

mușchi

ጭዋዳ

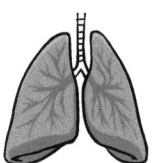

plămân

ሳንቡእ

ficat

ጸላም ከብዲ

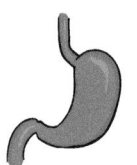

stomac

ከብዲ

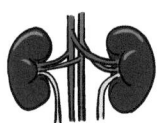

rinichi

ኮሊት

sex

ግብረ ስጋ

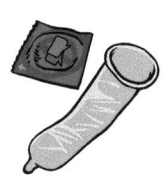

prezervativ

ኮንዶም

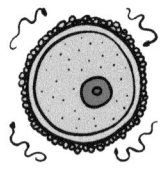

ovul

እንቋቍሓ

spermă

ዘርኢ ተባዕታይ

sarcină

ጥንሲ

corp - ኣካላት

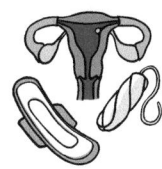

menstruație

ጽግያት

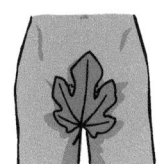

vagin

ርሕሚ

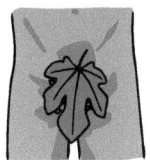

penis

መትሎ

sprânceană

ሽፋሽፍቲ

păr

ጸጉሪ

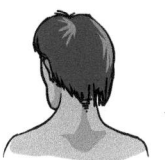

gât

ክሳድ

spital

ሆስፒታል

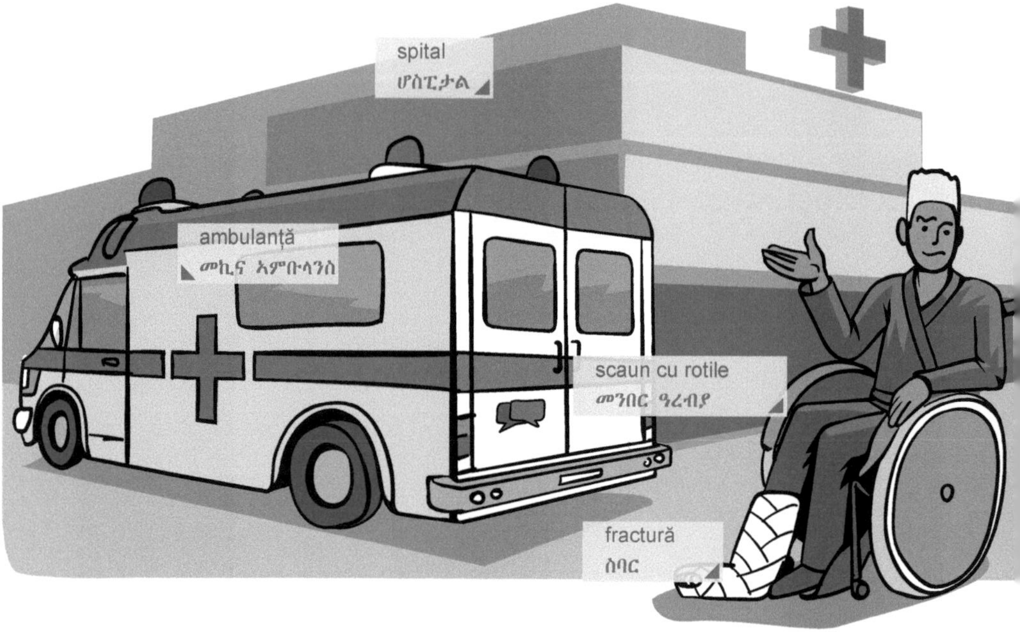

spital
ሆስፒታል
ambulanță
መኪና ኣምቡላንስ
scaun cu rotile
መንበር ዓረብያ
fractură
ስባር

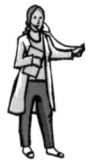

medic

ሓኪም

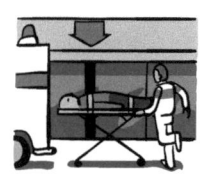

unitate de primiri urgențe

ክፍሊ ህጹጽ ረድኤት

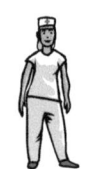

soră medicală

ኣላይት

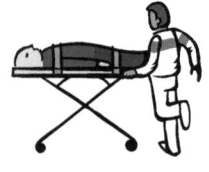

urgență

ህጹጽ ኩነት

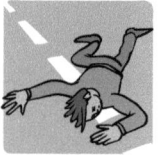

inconștient

ውነኡ ዘጥፍአ

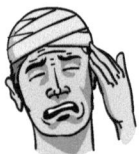

durere

ቃንዛ

leziune

ጉድኣት

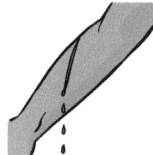

sângerare

ደም

infarct miocardic

ማህረምቲ

atac cerebral

ማህረምቲ

alergie

አለርጂ

tuse

ሰዓል

febră

ረስኒ

gripă

ኢንፍልወንዛ

diaree

ውጽኣት

durere de cap

ቃንዛ ርእሲ

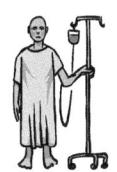

cancer

መንሽሮ

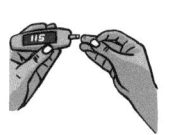

diabet

ሹኮርያ

chirurg

ሓኪም መጥባሕቲ

scalpel

መጥብሒ

operație

መጥባሕቲ

CT

CT

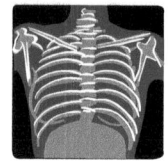

raze Röntgen

ራጂ

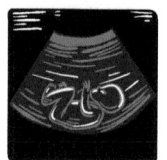

ultrasunet

ልዕለ ድምጻዊ

mască

መሸፈኒ ገጽ

boală

ሕማም

sală de așteptare

ክፍሊ ምጽባይ

cârjă

ምርኩስ

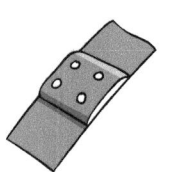

plasture

መጅነኒ ቑስሊ

bandaj

መጅነኒ

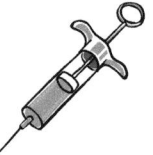

injecție

መርፍዕ ምውጋእ

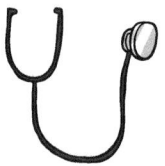

stetoscop

ስተቶስኮፕ

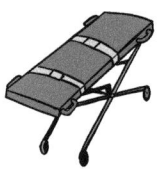

targă

መሰከሚ ሕማም

termometru

ቴርሞመተር

naștere

ትውልዲ

supraponderabilitate

ልዕለ-ሚዛን

aparat auditiv

ሓገዝ ምስማዕ

dezinfectant

ኣንጻሂ

infecție

ልበዳ

virus

ቫይረስ

HIV/SIDA

ኤድስ

medicină

ሕክምና

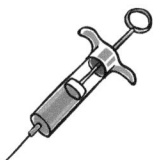

vaccin

ክታብ

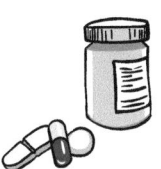

tablete

ከኒና

pastilă

ከኒና

apel de urgență

ህጹጽ ምድዋል

aparat de măsurare a
presiunii arteriale

መዕቀኒ ጸቕጢ ደም

bolnav/sănătos

ሕሙም / ጥዑይ

Ajutor!

ሓገዝ

alarmă

አላርም

agresiune

ምህጃም

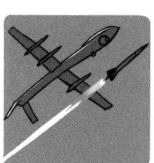

atac

መጥቃዕቲ

pericol

ድንገት

ieşire de urgenţă

ህጹጽ መውጽኢ

Foc!

ሓዊ!

extinctor

መጥፍኢ ሓዊ

accident

ሓደጋ

trusă de prim-ajutor

ሳንጣ ቀዳማይ ረድኤት

SOS

SOS

poliţie

ፖሊስ

Europa

ኤውሮጳ

America de Nord

ሰሜን አመሪካ

America de Sud

ደቡብ አመሪካ

Africa

አፍሪቃ

Asia

ኤስያ

Australia

አውስትራልያ

Altantic

አትላንቲክ

Pacific

ፓሲፊክ

Oceanul Indian

ህንዳዊ ዉቕያኖስ

Oceanul Antarctic

አንታርቲካዊ ዉቕያኖስ

Oceanul Arctic

አርክቲካዊ ዉቕያኖስ

Polul Nord

ሰሜናዊ ዋልታ

Polul Sud

ደቡባዊ ዋልታ

Antarctica

አንታርቲካ

pământ

ምድሪ

ţară

መሬት

mare

ባሕሪ

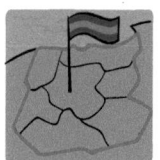

insulă

ደሴት

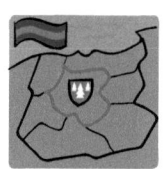

naţiune

ሃገር

stat

ዓዲ

cadran

ገጽ ሰዓት

orar

አመልካቲ ሰዓታት

minutar

አመልካቲ ደቓይቕ

secundar

አመልካቲ ካልኢት

Cât e ceasul?

ሰዓት ክንደይ አሎ?

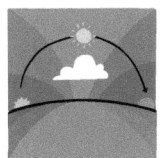

zi

መዓልቲ

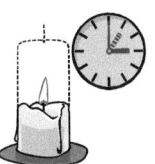

timp

ግዜ

acum

ሕጂ

cead digital

ዲጊታል ሰዓት

minut

ደቒቕ

orã

ሰዓት

luni
ሰኑይ **MO**

TU

marţi
ሰሉስ

miercuri
ረቡዕ **W**

TH

vineri
ዓርቢ **FR**

sâmbătă
ቀዳም **SA**

joi
ሓሙስ

SO

duminică
ሰንበት

ieri
ትማሊ.

azi
ሎሚ.

mâine
ጽባሕ

dimineaţă
ንጉሆ

amiază
ቀትሪ

seară
ምሸት

zile lucrătoare
መዓልታት ስራሕ

week-end
መወዳእታ ሰሙን

an

ዓመት

ploaie
ዝናብ
curcubeu
ቀስተ-ደመና
vânt
ንፋስ
zăpadă
በረድ
primăvară
ጽድያ
toamnă
ቀውዒ
vară
ሓጋይ
iarnă
ክረምቲ

4.APRIL 11°
5.APRIL 4°
6.APRIL 13°
7.APRIL 8°
8.APRIL 10°

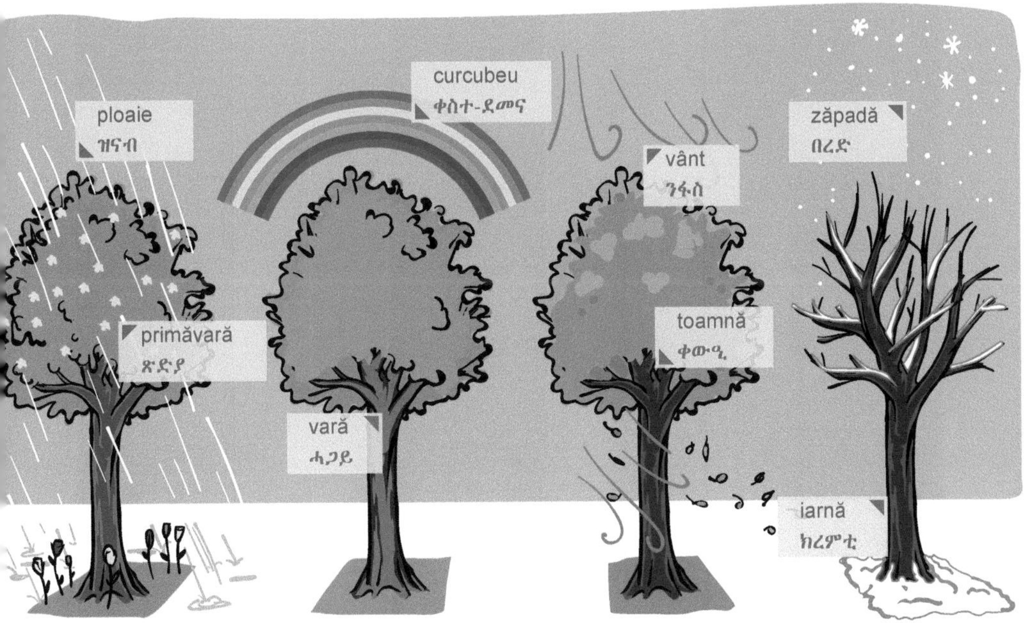

prognoză meteo
ትንቢት ኩነታት ኣየር

F C
120 40
90 30
60 20
30 10
0 0
-30 -10
-20

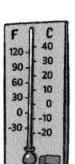

termometru
ቴርሞመተር

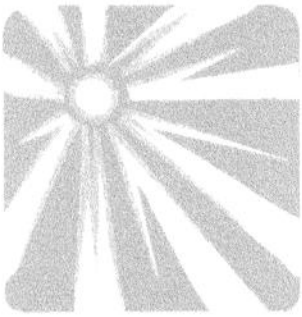

lumina soarelui
ብርሃን ጸሓይ

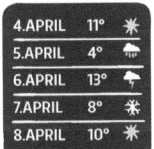

nor
ደበና

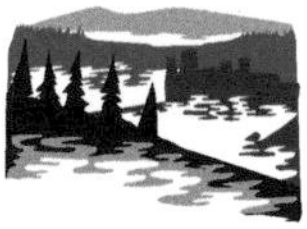

ceață
ግመ

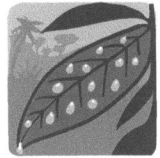

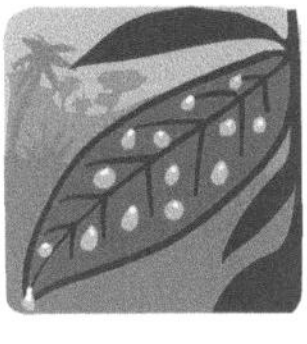

umiditate a aerului
ጠሊ

fulger

ብርቂ

tunet

ነጕዳ

furtună

ህቦብላ

grindină

በረድ

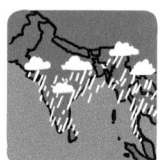

muson

ብርቱዕ ህቦብላ

inundație

ውሕጅ

gheață

በረድ

ianuarie

ጥሪ

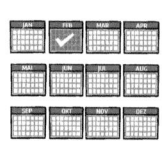

februarie

ለካቲት

martie

መጋቢት

aprilie

ሚያዝያ

mai

ጉንበት

iunie

ሰነ

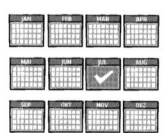

iulie

ሓምለ

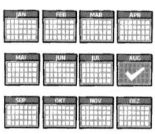

august

ነሓሰ

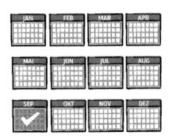

septembrie
....
መስከረም

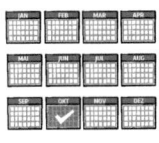

octombrie
....
ጥቅምቲ

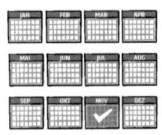

noiembrie
....
ሕዳር

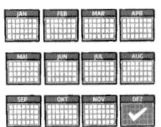

decembrie
....
ታሕሳስ

cerc
....
ዙርያ

pătrat
....
ትርብዒት

dreptunghi
....
ቅኑዕ ርቡዕ ኵርናዕ

triunghi
....
ስሉስ ኵርናዕ

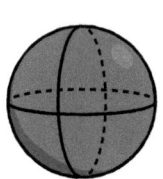

sferă
....
ክቢ

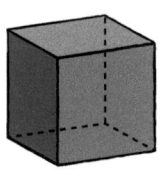

cub
....
ኩቦ

alb

ጸዕዳ

galben

ብጫ

portocaliu

አራንሺ

roz

ፒንክ

roșu

ቀይሕ

violet

ጆኽ

albastru

ሰማያዊ

verde

ቀጠልያ

maro

ቡናዊ

gri

ሓሙኽሽታይ

negru

ጸሊም

mult/puţin

ብዙሕ / ውሑድ

furios/calm

ሕሩቕ / ሰላማዊ

frumos/urât

ጽቡቕ / ክፉእ

început/sfârşit

መጀመርያ / መወዳእታ

mare/mic

ዓቢ / ንእሽቶ

luminos/întunecat

ብሩህ / ጸልማት

frate/soră

ሓው / ሓፍት

curat/murdar

ጽሩይ / ርሳሕ

complet/incomplet

ምሉእ / ዘይምሉእ

zi/noapte

መዓልቲ / ለይቲ

mort/viu

ሙዉት / ህልው

lat/strâmt

ሰፊሕ / ጸቢብ

comestibil/necomestibil

ደስ ዘበል / ደስ ዘይብል

rău/prietenos

እኩይ / ህያዋይ

emoționat/plictisit

ርቡጽ / ስልኩይ

gras/slab

ረጊድ / ቀጢን

primul/ultimul

ቀዳማይ / ናይ መወዳእታ

prieten/inamic

ዓርኪ / ጸላኢ

plin/gol

ምሉእ / ባዶ

tare/moale

ተሪር / ልስሉስ

greu/ușor

ከቢድ / ፈኩስ

foame/sete

ጥምየት / ጽምየት

bolnav/sănătos

ሕሙም / ጥዑይ

ilegal/legal

ዘይሕጋዊ / ሕጋዊ

inteligent/stupid

መስተውዓሊ / ስዲ

stânga/dreapta

ጸጋም / የማን

aproape/departe

ቐረባ / ርሑቕ

nou/uzat

ሓዲሽ / ብሉይ

nimic/ceva

ዋላ ሓደ / ገለ

bătrân/tânăr

ዓቢ/ኣረጊት / መንእሰይ

pornit/oprit

ወልዕ / ኣጥፍእ

deschis/închis

ክፉት / ዕጹው

încet/tare

ህዱእ / ዓው

bogat/sărac

ሃብታም / ድኻ

corect/fals

ቅኑዕ / ግጉይ

aspru/neted

ሓርፋፍ / ልሙጽ

trist/fericit

ጉሁይ / ሕጉስ

lung/scurt

ሓጺር / ነዊሕ

încet/repede

ቀስ / ቅልጡፍ

ud/uscat

ጥሉል / ንቑጽ

cald/rece

ምዉቕ / ዝሑል

război/pace

ውግእ / ሰላም

0

zero

ዜሮ

1

unu

ሓደ

2

doi

ክልተ

3

trei

ሰለስተ

4

patru

አርባዕተ

5

cinci

ሓሙሽተ

6

șase

ሽዱሽተ

7

șapte

ሸውዓተ

8

opt

ሸሞንተ

9

nouă

ትሽዓተ

10

zece

ዓሰርተ

11

unsprezece

ዓሰርተ ሓደ

12

douăsprezece

....

ዓሰርተ ክልተ

13

treisprezece

....

ዓሰርተ ሰለስተ

14

paisprezece

....

ዓሰርተ አርባዕተ

15

cincisprezece

....

ዓሰርተ ሓሙሽተ

16

şaisprezece

....

ዓሰርተ ሽዱሽተ

17

şaptesprezece

....

ዓሰርተ ሸውዓተ

18

optsprezece

....

ዓሰርተ ሸሞንተ

19

nouăsprezece

....

ዓሰርተ ትሽዓተ

20

douăzeci

....

ዕስራ

100

o sută

....

ሚእቲ

1.000

o mie

....

ሽሕ

1.000.000

un milion

....

ሚልዮን

engleză

እንግሊዝኛ

engleză americană

አሜሪካዊ እንግሊዛዊ

chineza mandarină

ቻይናዊ ማንዳሪን

hindi

ሂንዳዊ

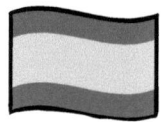

spaniolă

እስጳኛዊ

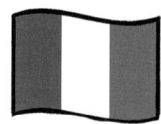

franceză

ፈረንሳዊ

arabă

ዓረባዊ

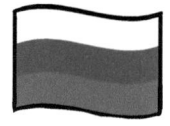

rusă

ሩሲያዊ

protugheză

ፖርቱጋላዊ

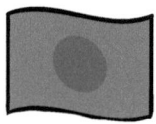

bengaleză

በንጋሊ

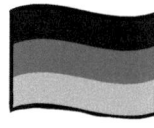

germană

ጀርመናዊ

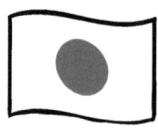

japoneză

ጃፓናዊ

eu

አነ

tu

ንስኻ/ኺ.

el/ea

ንሱ / ንሳ / ንሱ

noi

ንሕና

voi

ንስኻ

ea

ንሳቶም

cine?

መን?

ce?

እንታይ?

cum?

ከመይ?

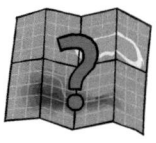

unde?

አበይ?

când?

መዓስ?

nume

ሽም

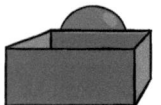

în spate

ድሕሪ

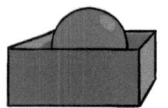

în

አብ

înainte

አብ ቅድሚ

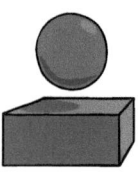

peste

አብ ላዕሊ

pe

አብ ልዕሊ

sub

ትሕቲ ምድሪ

lângă

አብ ጥቓ

între

አብ መንጎ

loc

ቦታ